자기만의 철학

창비청소년문고 2
자기만의 철학

초판 1쇄 발행 2011년 8월 12일
초판 7쇄 발행 2022년 1월 5일

지은이 탁석산 | 펴낸이 강일우 | 책임편집 정소영 | 펴낸곳 (주)창비
등록 1986년 8월 5일 제85호 | 주소 10881 경기도 파주시 회동길 184
전화 031-955-3333 | 팩스 031-955-3399(영업) 031-955-3400(편집)
홈페이지 www.changbi.com | 전자우편 ya@changbi.com

창비청소년문고 2

자기만의
철학

탁석산 지음

창비

일상생활이 철학의 시작과 끝임을 일깨워 준 소설가 손창섭,
2010년 6월 23일 일본 도쿄의 한 병원에서 마지막 흔적을 지우다

차례

1 상식에 도전한다

"요즘 길거리에 웬 이상한 노인이 나타났대."

"응, 나도 얘기 들었어. 지나가는 사람을 붙잡고 계속 뭘 물어본다며?"

"그렇대. 그 노인네랑 자꾸 얘기하다 보면 나중에는 자기가 아무것도 모른다고 말하게 된다더라."

"희한하네. 뭐하러 그런 짓을 하는 거야? 돈도 안 되고 사람들만 괴롭히고. 이해가 안 돼."

"내 말이. 학원 가서 말하는 기술을 배워야지, 쓸데없이 그런 건 배워서 뭐하겠어. 말을 잘해서 재판에서 이겨야 재산도 지킬 것 아냐."

"세상 물정을 모르는 거지. 진리란 무엇인가, 이런 거 알면 뭐해. 말 잘해서 이기는 게 제일이야."

"맞아."

여기 나오는 이상한 노인이 바로 여러분이 알고 있는 철학자 소크라테스입니다. 그가 살던 고대 그리스는 소피스트의 시대였습니다. 소피스트는 학원에서 화법을 가르쳐 재판에서 이길 수 있게 하는 전문가였습니다. 그들에게 중요한 것은 진리가 아니라 재판에서 승리하는 것이었습니다. 따라서 각종 비법을 개발해 냈지요. 이런 상황에서 돈도 받지 않고 진리란 무엇인가만을 집요하게 묻는다면 당연히 이상한 사람 취급을 받았겠지요. 후세에 소크라테스는 '철학자'로 불리게 되어 지금까지 이름이 남아 있지만, 당시에는 상식에 도전하는 이상한 사람일 뿐이었습니다.

그런데 철학은 원래 이렇게 상식에 도전하는 것입니다. 점잖게 앉아서 옛날 책을 읽고 명상에 잠기는 것이 아니라 시장에서, 거리에서 상식에 맞서 싸우는 것입니다. 세상의 모든 상식에 도전하는 것이 철학이라면, 여러분은 한번 철학을 해 볼 생각이 있나요?

2 당대의 문제를 다룬다

"옛날 사람이 아무리 똑똑했다 해도 일본 후쿠시마 원전 사고는 몰랐겠지?"

"그걸 말이라고 해? 지금 일어나는 일을 옛날 사람이 어떻게 알아. 왜 그런 걸 묻는데?"

"원전 사고를 알고 있는 우리하고 몰랐던 옛날 사람들하고는 고민하는 문제가 같을 수 없겠네?"

"아, 그러니까 당연한 얘기를 왜 하느냐고?"

"철학이라고 하면 주로 옛날 이야기를 하는 것 같아서. 플라톤, 공자, 칸트……. 다 죽은 사람들 이야기뿐이잖아. 그 사람들은 지금의 문제를 상상도 못 했을 텐데."

"흠, 그렇긴 해도 사람이니까 뭔가 공통점이 있지 않을까?"

우리는 모두 자신의 시대에 갇혀 있습니다. 시대는 변하고 그에 따라 상식도 변합니다. 조선 시대에는 두 끼 먹는 것이 상식이었고 왕이 존재하는 것이 상식이었겠지요. 주자학을 유일한 진리로 여기던 그 사람들과 우리들은 어떤 공통점이 있을까요? 공통점도 있겠지만 기본적으로 세계관이 굉장히 다를 겁니다. 철학은 옛날부터 지금까지 변하지 않는 보편적인 문제를 다룬다고 생각한다면, 틀렸습니다. 철학은 철학자 자신이 살던 시대의 문제를 다룰 뿐입니다. 플라톤이 지금 같은 거대한 소비 사회나 세계화 시대를 짐작이나 했겠습니까. 철학자도 사람인지라 당대의 문제, 그리고 자신의 문제를 다룰 뿐입니다. 철학은 옛날 책을 해석하는 학문이 아닙니다. 지금 이 시대의 문제를 치열하게 고민합니다.

3 모든 것은 변하는 거야

"저……, 저기요. 이 책을 쓴 저자 선생님한테 물어보고 싶은 게 있는데요."

"네, 얼마든지 물어보세요. 질문이 뭔가요?"

"아까 시대가 변하고 상식도 죄다 변하는 거라고 하셨는데, 아무리 시대가 변해도 사람은 사람 아닙니까. 당연히 공통점이 있다고 생각하는데요."

"무슨 질문인지 알겠습니다. 그런데 생각을 해 봅시다. 중국의 만리장성은 관광객이 끊이지 않는 문화 유적이지요? 하지만 예전에는 적과 전투를 하기 위해 쌓은 성이었습니다. 동일한 돌덩어리의 집합인데 왜 옛날에는 전투용 건축물이었다가 지금은 문화 유적이 되었을까요? 모든 것은 관계 속에서 정해지기 때문입니다."

"그럼 인간도 마찬가지라는 말씀이신가요? 옛날의 인간은 지금의 인간이 아니다?"

"그렇지요. 먼 미래에는 지금의 인간이라는 관념이 완전히 바뀔 수도 있습니다. 모든 관계가 변할 테고 관계가 변하면 우리는 지금의 인간과는 다른 무엇인가가 되겠지요. 이상한 이야기인가요?"

"예, 엄청 이상해요."

"지금은 바로 이해가 안 될지도 몰라요. 하지만 철학은 언제나 상식에 도전한다는 것, 그것만은 잊지 마세요."

4 철학은 의미를 찾게 한다

"있잖아, 난 철학 맘에 안 들어."

"왜? 멋있어 보이지 않아? 있어 보이고."

"그렇기는 한데, 배워 봤자 쓸데가 없어. 이렇다 저렇다 하는 이야기뿐이지 딱 부러지게 뭘 하라는 것은 없잖아."

"그렇긴 해. 뭔 해석이 그렇게 많은지……. 내가 잔뜩 화가 났을 때 철학이 뭔 소용이 있겠어? 게임이나 한판 하는 게 낫지. 아니면 농구를 하든가."

"그런데 농구는 왜 하는 거야? 화를 달래려고 하는 건가?"

"갑자기 왜 그래?"

"그냥, 궁금해졌어. 왜 화가 나고, 왜 농구를 하는 걸까? 그리고 난 왜 사는 것일까."

"……."

실제로 철학을 한다고 해서 인격이 훌륭해진다거나 하지는 않

는 것 같습니다. 논리적 훈련에는 효과가 있겠지만 마음을 수양
하는 데 도움이 되는지는 확신이 서지 않습니다. 그렇다고 해서
철학이 세계를 해석하는 데 그치지만은 않습니다. 철학은 해석
을 넘어 의미를 부여합니다. 세계가 단순히 이렇다 저렇다 하는
해석만이 아니라 우리한테 세상이란 게, 인생이란 게 어떤 의미
인가를 알려 줍니다. 사람은 행복해지고 싶어 하지요. 그런데
왜 행복을 원할까요? 행복해지면 좋기 때문에? 그럼 좋으면 다
되는 걸까요? 인간은 이런 질문을 피해 갈 수 없습니다. 왜냐하
면 이런 질문을 던지는 것이 인간의 본성이기 때문입니다. 늘 의
미를 추구하고, 왜냐고 묻지요. 철학은 이 문제에 대답하려 합
니다.

5 과학의 시대에 철학은 무엇을 하는가

"요즘은 과학의 시대라잖아. 그럼 상식에서 과학적인 지식이
차지하는 비중도 크겠네."

"그렇지. 유전자부터 농작물, 뇌 속에 대한 것까지 과학이 하
는 말을 믿게 되잖아. 근데 왜?"

"음, 철학이 상식에 도전하는 것이라면 과학에도 도전하는 것
인가 싶어서. 근데 철학과 과학은 다르잖아. 철학이 좀 정신적
이라면 과학은 물질적인 것 같은데?"

"그래, 그러니까 게임이 안 된다는 거지. 과학자의 말을 철학자가 반박할 수 있겠어?"

"그런가……. 그럼 이런 과학의 시대에 철학이 도대체 뭘 할 수 있을까?"

"글쎄, 삶의 의미를 알려 주는 거? 그런 건 가능할 것 같기도 하네. 과학이 삶의 의미까지 알려 주지는 않잖아. 난 과학책을 아무리 들여다봐도 삶의 의미 같은 것은 못 찾겠던데."

철학과 과학은 생각보다 훨씬 비슷합니다. 과학도 철학과 마찬가지로 기존의 상식에 도전합니다. 이탈리아의 과학자 갈릴레이를 떠올려 보면 알 수 있지요. 그는 무거운 물체가 더 빨리 떨어진다는 통념을 깨고 마찰이 문제라는 것을 밝혔지요. 또한 과학도 철학과 똑같이 모든 것을 철저히 의심합니다. 근본까지 따져 묻는다는 것이지요. 게다가 철학과 과학은 둘 다 합리적인 체계를 제시한다는 점에서도 차이가 없습니다. 근본정신은 비슷한데 단지 철학이 언어로 표현되는 반면 과학은 수식으로 나타난다는 점, 그리고 철학은 대체로 머릿속 실험을 하고 과학은 실제로 실험을 한다는 점 정도가 차이 날 뿐입니다. 이와 같이 과학과 철학은 매우 비슷하기 때문에 철학이 무엇인지 알기 위해서는 일단 과학이 무엇인지 아는 것이 중요합니다. 그래야 철학의 특징이 좀 더 선명하게 드러나겠지요.

6 종교는 모든 질문에 대답한다

"너 교회 다니냐?"

"응, 왜?"

"교회에서는 인생의 의미가 뭐라고 하는지 궁금해서."

"음, 하나님의 영광을 위해서라고 하던데. 근데 왜?"

"어, 그게, 철학이 의미를 부여하는 일을 한다는데, 그런데 종교가 그런 것까지 다 한다면 철학이 꼭 필요한가 하는 생각이 들어서."

"교회가 확실하긴 하지. 교회에 가면 창세기부터 시작해서 종말론까지 모든 역사를 다 이야기해 주고, 십계명을 비롯해서 구체적으로 어떻게 살아야 한다고 일일이 알려 주거든. 되게 좋아. 믿고 따르고 실천하면 되니까."

"그럼 어려운 철학책 안 읽어도 되겠네? 궁금한 건 다 알려 주니까."

철학이 우리 삶에, 세상에 의미를 부여한다고 했습니다. 하지만 의미 부여는 철학의 독점물이 아닙니다. 종교도 인생에, 세상에 의미를 부여합니다. 어쩌면 철학보다 더 강하게 의미를 부여한다고 할 수 있을 겁니다. 게다가 세상이 어떻게 생겨났으며 앞으로 어떻게 될 것인가까지 거의 모든 것을 설명해 줍니다.

철학의 강력한 경쟁자인 것이지요. 서양에서 과거에 종교가 철학을 압도했고 한국에서는 종교와 철학이 긴밀한 관계를 유지했던 것도 다 그만한 이유가 있었습니다. 하지만 종교와 철학은 근본적으로 서로 다른 점이 있습니다. 종교에서 의미는 신으로부터 부여되지만 철학에서 의미는 개인이 스스로 찾아가는 것입니다. 이것은 철학의 아주 중요한 특징입니다. 스스로 찾아가는 것 혹은 만들어 가는 것, 그것이 철학의 모습입니다.

7 자유와 인간의 존엄성을 찾아서

"인생의 의미를 스스로 찾는 게 왜 중요해? 그냥 주어진 것을 받아들이면 안 되나?"

"뭐, 안 될 건 없을 것 같은데. 사회에 널리 퍼진 것은 오랜 역사에 걸쳐 검증된 거 아냐. 그러니까 받아들여도 상관없을 것 같지 않아?"

"그런데 철학에서는 스스로 의미를 찾는 게 중요하다고 하잖아. 뭐 특별한 이유라도 있나?"

"글쎄, 모르겠어. 그냥 상식에 따라 살아도 되고 종교의 가르침에 복종하면서 살아도 되지 않을까? 굳이 어려운 길을 갈 필요가 있을까 싶어."

"나도 그렇게 생각하긴 하는데, 그래도 뭔가 있지 않을까?"

네, 뭔가 있습니다. 인간은 결국 자유로워지려 하고 인간으로서의 존엄성을 지키고자 합니다. 자유와 존엄성은 모든 사람이 추구하는 가치입니다. 그에 비해 행복은, 자유와 존엄성보다 달콤하고 대중적이긴 하지만 근원적이지는 않습니다. 노예의 행복이 과연 진정한 행복이겠습니까. 자유롭고 존엄성을 지키는 사람만이 진정으로 행복할 수 있을 겁니다. 철학은 바로 이 자유와 존엄성을 위해 존재합니다. 왜냐하면 인간은 자신의 생각에 의해서만 자유와 존엄성을 찾을 수 있고 지킬 수 있기 때문입니다. 인간은 생각을 합니다. 그것도 고도의 추상적 작업을 하지요. 자유나 존엄성은 이런 고도의 추상적 작업의 결과입니다. 단순히 먹을거리 문제가 해결되었다고 해서 자유로워지거나 존엄해지지는 않습니다. 진정한 자유는 밖에서 주어지는 것이 아니라, 스스로 생각에 생각을 거듭하면서 만들어 가는 것입니다. 존엄성도 자신이 스스로 존엄해짐으로써 지켜 내는 것이지요. 세상 그 누구도 우리 내면의 생각을 빼앗거나 지울 수는 없을 겁니다.

인생의 의미든 그 무엇이든 자기 힘으로 얻어야 자신의 것이 됩니다. 그리고 자신의 것이어야 주인이 됩니다. 주인이 되어야 자유로울 수 있습니다. 우리가 결국 원하는 것은 자유이고, 자유를 통해 인간의 존엄성을 얻고자 합니다. 외부에서 주어진 것을 믿음으로 받아들이고 따르는 것도 자신의 선택이라면 이 또한 자유라고 할 수 있긴 합니다. 물른 이런 경우에도 자신의 생각, 자신의 자유가 토대가 되어야겠지요.

8 철학, 누구든지 할 수 있다

"넌 철학책이 재미있냐?"

"당연히 재미없지. 철학책 재밌다는 사람 본 적이 없다."

"나도. 그러면 철학은 누가 해? 다 어렵고 재미없다고 하는데."

"그야 전문가가 하겠지. 어느 분야나 전문가는 있기 마련이잖아."

"그렇구나. 근데 어려운 책을 읽어야 하는 게 아니라면 나도 철학을 해 보고 싶긴 하거든? 무슨 방법이 없을까?"

"철학책을 읽지 않고 철학 할 수 있느냐고 묻는 거냐, 지금? 그게 되겠냐."

그럼요. 됩니다. 철학책을 전혀 읽지 않아도 자신의 철학을 가질 수 있습니다. 자신의 철학을 갖는다는 것을 어렵게 생각할 필요는 전혀 없습니다. 자신의 '생각'이라고 해도 되는 거예요. 남이 강요한 대로 따르거나 비판 없이 받아들인 생각이 아니라 스스로 생각해서 자신의 것으로 삼았다면 자기 생각이라고 할 수 있습니다. 그리고 자신의 생각에 체계가 더해지고 치열함이 더해지면 자신의 '철학'이 됩니다. 따라서 꼭 전문 철학서를 읽어야만 철학자가 되는 것은 아닙니다. 자신의 능력에 따라 생각하면 그만입니다. 전문 철학자도 있고 자신의 일에 대해 일가견을 갖춘 경험적 철학자도 있으며 그런 것은 잘 몰라도 인생에 대해서 자신만의 의견을 갖는 사람도 있습니다. 야구를 한다고 누구나 프로 선수가 되어야 하는 것은 아니지 않습니까. 동네에서도 할 수 있고 동아리에서도 할 수 있습니다. 얼마나 진지하게 체계적으로 하느냐의 차이가 있을 뿐이지요.

9 자기만의 철학을 하자

"이 책을 쓴 저자에게 다시 묻겠습니다."

"예."

"책 제목이 '자기만의 철학'인데, 이게 무슨 뜻인가요?"

"자기만의 철학을 하자는 뜻으로 붙여 본 표현입니다. 어려운 책을 통해 습득하는 철학이 아니라 스스로 생각하고 치열하게 고민해서 자기에게 맞는 철학을 찾아야 한다는 것이지요. 그렇게 해서 발견한 철학이야말로 진정으로 위대하다는 생각이 듭니다."

"그러면 자기만의 철학을 하기 위해서는 구체적으로 무엇을 어떻게 하면 되는데요?"

　네, 우선 철학이 무엇인가를 드러내기 위해 과학, 종교와 비교해 볼 겁니다. 비교를 하면 각각의 특징이 더 잘 보이기 때문입니다. 게다가 과학과 종교는 철학의 가장 강력한 경쟁자들이니까 더욱 비교가 필요합니다. 그다음으로는 자신에게 맞는 단계나 수준에서 철학을 하기 위한 지침이 필요하겠지요? 기하학적인 방법을 활용해서 철학의 세 가지 단계를 설명해 보려고 합니다. 어렵게 느낄 필요는 없고요, 자신에게 맞는 단계의 철학을 하면 된다는 것을 보여 주기 위한 흐름입니다.
　자, 그럼 '자기만의 철학', 본격적으로 시작해 볼까요?

1

과학과 철학,
얼마나 다른 거야?

세계를 '통째로' 이해하겠다!

고등학교 다닐 때 이웃에 같은 학교에 다니는 친구가 있었습니다. 그때는 같이 버스 타고 등교하는 것만으로도 재미가 있었어요. 한 시간 정도 등하굣길을 함께하면서 장난도 치고 군것질도 했습니다. 그 친구는 고등학교 내내 문과였는데, 대학에 진학할 때 갑자기 이과로 갔습니다. 그때는 좀 뜨악했지요. 그 친구의 집안은 모두 문과였거든요. 아버지도 작은아버지도 모두 인문학 교수였고 사촌들도 모두 문과에 갔으니까요. 게다가 교지에 글도 곧잘 쓰던 친구였으니 제가 의외라고 생각한 것도 무리는 아니었습니다. 과연 잘 적응할까 싶어 걱정도 많이 했습니다. 하지만 제 생각은 기우에 지나지 않았습니다. 친구는 미국 예일 대학에서 아주 젊은 나이에 수학으로 박사 학위를 받은 후 20대에 국립 대학의 교수가 되었으니까요. 물론 지금도 대학에서 연구를 하고 있습니다. 그때는 문과에서 이과로 옮겨 가는 것이 이상하다고 생각했지만 지금은 그렇지 않습니다. 철학과 과학이 생각보다 훨씬 더 친밀하고 닮았다는 것을 알게 되었기 때문입니다. 왜 그렇게 느꼈는지를 말씀드리지요.

과학은 철학과 마찬가지로 세계를 통째로 이해하려는 노력입니다. 여기에서 '통째로 이해한다'는 말에 주목해 주십시오. 이해란 세계의 모든 것을 알고자 한다는 뜻입니다. 세계의 모든 것이란 아주 범위가 넓습니다. 지금 눈에 보이는 것은 물론이거니와 과거의 모든 것과 심지어 미래의 일도 포함합니다. 공룡은 과거의 생물이지만 우리의 관심사입니다. 우주가 언제 사라질 것인가도 미래의 문제이지만 여전히 우리 관심사입니다. 물론 지금 이 세계에 존재하는 모든 것은 당연히 관심사입니다. 다시 말해서 시간과 공간에 관계없이 모든 것을 이해하고자 한다는 것입니다. 대상 면에서도 마찬가지입니다. 자연에 실제로 있는 것뿐 아니라 인간의 정신도 이해하고자 합니다. 해가 어떻게 뜨고 지는지도 알고 싶어 하지만 인간은 왜 거짓말을 하는지도 알고 싶어 합니다. 뇌에서 무슨 일이 일어나는지를 이해하려 하는 동시에 사람들이 왜 권력을 잡으려 하는지도 알고 싶어 합니다. 그런데 주의할 점이 있습니다. 그것은 과학이든 철학이든 이해 자체가 목적이라는 것입니다.

세상의 이치를 알고 싶을 뿐

어렸을 때 동네에서 아이들과 했던 놀이를 생각해 봅시다. 놀때 무슨 목적이 있었던 것은 아닙니다. 그냥 친구들과 어울려

노는 것이 재미있어서 논 것뿐입니다. 놀면 앞으로 성장하는 데 편리하다든가 지능 발달에 도움을 줄 거라고 생각하고 논 것은 아닐 겁니다. 그냥 논다, 아무 생각 없이 재미있게 논다, 이것이 요체입니다. 마찬가지로 과학이나 철학이나 모두 세계를 통째로 알고 싶다, 알아내고야 말겠다, 이것이 다입니다. 연구 결과가 사회에 도움이 될지 해가 될지에는 관심이 없습니다. 어렸을 때의 놀이와 마찬가지죠. 잘 놀았던 아이가 자신도 모르게 사회성을 습득하고, 커서 사회적 생활을 잘할 수 있겠지요. 이건 실제로 맞는 이야기라고 합니다. 하지만 사회성을 습득하기 위해 노는 것은 아니죠. 노는 것은 그냥 노는 것입니다. 철학자도 과학자도 그냥 알고 싶어서 연구할 뿐입니다. 그런데 알더라도 '통째로' 알고 싶어 한다는 것이 철학과 과학의 특징입니다. 만유인력을 예로 들어 보겠습니다.

중력의 법칙으로 유명한 뉴턴은 자신의 발견에 대해 겸손한 자세를 취했습니다. 자신의 발견은 모래사장에 펼쳐진 수없이 많은 모래 알갱이 중 하나에 지나지 않는다고 여겼거든요. 뉴턴의 업적을 생각해 보면 매우 겸손한 말이라는 것을 알 수 있습니다. 그런데 조금 더 생각해 보면 이 말은 겸손의 말이기도 하고 아니기도 합니다. 뉴턴의 법칙은 과학에서 불변의 진리가 아니거든요. 그 이후에 발견된 수많은 훌륭한 법칙들을 생각한다면, 특히 미립자 세계에 관한 이론들을 생각한다면, 어쩌면 실제로 모래 알갱이에 지나지 않을 수도 있습니다. 하지만 뉴턴의 중력 법칙이 이렇듯 작은 것이라 해도 그 발견의 위대함이 줄어들지는 않습니다. 우주에 존재하는 것이 무엇이든 질량을 가진 물체라면 모두 설명할 수 있거든요. 지금 존재하는 것은 물론이거니와 과거에 존재했던 모든 물체 그리고 미래에 존재할 물체들의 운동도 설명할 수 있고 예측할 수 있습니다. 법칙 하나로 그야말로 '통째로' 설명할 수 있는 거지요. 그럼 법칙이 어떻게 되어 있는지 한번 봅시다. 잘 알려진 대로 이렇습니다.

$$F = G\,\frac{m_1 m_2}{r^2}$$

(F는 물체 사이의 당기는 힘, G는 만유인력 상수, m은 물체의 질량, r는 두 물체 사이의 거리)

이 법칙은 지구 위에서만이 아니라 우주에서도 적용됩니다. 그래서 궤도도 측정하고 예측도 하고 몇백만 광년 떨어진 행성의 궤도도 알아낼 수 있습니다. 이것으로 세계의 모든 물체는 서로를 끌어당기며 그 힘은 질량에 비례하고 거리에 반비례한다는 것을 알 수 있습니다. 이런 식으로 과학은 세계를 통째로 이해하고자 합니다. 그럼 철학은 어떨까요?

마찬가지로 철학도 세계를 통째로 이해하려고 합니다. 여러분은 아마 고대 그리스의 철학자 탈레스의 이름을 들어 본 적이

있을 것입니다. 그는 서양 철학의 아버지로 일컬어지는데요, 이해하기 힘든 말을 한 덕분이었습니다. 세계는 물이라고 했거든요. 세상을 이루는 근원은 물이라고 주장했습니다. 이상하지 않습니까? 세상이 물이라니! 그럼 돌도 물이고 나무도 물이고 사람도 물이라는 말인가? 물론 그런 뜻은 아닙니다. 탈레스가 말하고자 했던 것은, 눈에 보이는 현상 너머를 곰곰이 생각해 보면 근원이 있는데 그 근원이 다름 아닌 물이라는 것입니다. 돌은 물론 물이 아니죠. 하지만 탈레스는 그 근원을 따져 보면 결국 물이라고 주장한 것입니다. 돌의 근원이 물이라는 것이 사실이든 아니든, 이런 문제 제기 자체가 중요합니다. 왜냐하면 세계를 통째로 이해하려는 본격적인 시도였으니까요. "세계는 무엇이다." 이런 식으로 선언하는 일이 전에는 없었던 모양입니다. 사람들은 대체로 사물 낱낱에만 관심을 기울였고, 세상 전체에 관심이 있다 해도 이를 통째로 설명하는 것은 매우 어려운 일이니까요. 탈레스는 이런 일에 과감히 도전한 서양 최초의 사람으로 알려져 있습니다. 그래서 서양 최초의 철학자라고 하는 것이지요.

그런데 탈레스의 주장은 뉴턴의 법칙과 비교하면 초라한 감이 듭니다. 둘 다 세계를 통째로 이해하려는 시도라 해도 탈레스의 주장이 빈약해 보입니다. 하지만 뉴턴은 탈레스보다 이천 년 뒤에 나온 인물이니까 더 발전되고 세련되어 보이는 것이 자연스럽겠지요. 철학도 시간이 지남에 따라 과학 못지않은 정교함과 법칙에 의해 세계를 설명했습니다. 점점 체계적이 되고, 복잡해지고 어려워졌어요. 플라톤은 이 세계를 설명하기 위해 '이데아'라는 세계를 설정합니다. 진정한 세계는 이데아 세계뿐이고, 우리가 사는 세계는 이데아 세계의 그림자라는 것입니다. 이런 설명은 과연 어떤 효과가 있을까요? 우선 이 세계가 불완전하다는 것을 알게 해 줍니다. 예를 들어, 지구 위에서는 내각의 합이 정확히 180도인 삼각형을 그릴 수 없습니다. 평평하지 않고 둥근 지면 위에서 삼각형의 내각의 흡은 언제나 180도보다 크기 때문이죠. 하지만 우리는 삼각형이라는 말을 쓰고 삼각형을 이용해서 많은 작업을 합니다. 그렇다면 우리가 그리는 삼각형이 '진정한 삼각형'이라고 말할 수 있을까요? 그렇지 않을 겁니다. 진정한 삼각형은 우리 머릿속에, 삼각형의 정의 속에 있겠지요. 그런데 플라톤은 삼각형이 이데아라는 세계에 실제로 있다고 주장했습니다. 그럼으로써 이 세계를 설명하려 했던 것이지요. 그는 불완전한 삼각형은 이데아 세계의 그림자라고 설명했어요. 그에 따르면 세상의 모든 것에는 이데아가 존재한다고 합니다. 심지어는 똥통의 이데아도 있다고 해요.

근대에 와서는 헤겔이라는 철학자가 세계를 통째로 설명하려고 했습니다. '절대정신'이라는 것을 내세웠는데, 말이 좀 어렵지요? 헤겔은 인간의 역사를 절대정신의 전개 과정으로 보았습니다. 그런데 그 주장을 증명하려면 많은 작업이 뒤따를 수밖에 없겠지요. 헤겔은 이 작업을 훌륭히 해낸 거예요. 그래서 아직도 철학사에 이름이 남아 있습니다. '절대정신' 같은 말을 모른다고 실망할 필요는 전혀 없습니다. 세계를 통째로 이해하고 설명하려는 시도 중 하나라고 아는 것으로 충분합니다. 절대적인 진리도 아니고 실생활에 도움이 되는 것도 아니니까요.

과학은 수식으로, 철학은 언어로

앞서 본 바와 같이 과학과 철학은 세계를 통째로 이해하려는 시도라는 점에서는 전혀 다르지 않습니다. 차이가 있다면 그 이해를 표현하는 방식입니다. 대체로 과학은 수식에 의해 나타나고 철학은 언어를 통해 드러난다는 차이뿐입니다. 누구에게는 수식이 편하고 아름다우며 효과적이고, 또 다른 누구에게는 언어가 편할 수 있습니다. 물론 어떤 사람은 수식과 언어 둘 다 편하게 느낄 수도 있겠지요. 예전에는 철학자이며 과학자이고 수학자인 경우가 흔했습니다. 라이프니츠도 그중 한 사람입니다. 요즘도 수학을 전공한 후에 철학에 정착한 학자가 많습니다. 20세기의 유명한 철학자 러셀도 화이트헤드와 함께 『수학의 원리』라는 책을 썼고, 비트겐슈타인도 기계 공학을 전공한 후에 철학자가 되었습니다. 20세기 미국을 대표하는 철학자 콰인도 처음에는 수학 전공자였고요. 고대부터 지금까지 수학자이면서 철학자인 분들은 많이 있어 왔습니다. 과학과 철학이 똑같은 정신과 태도로 세계를 탐구한다는 점을 생각하면 자연스럽다고 하겠습니다. 어느 쪽이 더 편한지 그리그 자신에게 맞는지에 따라 철학이나 과학을 택하는 것이니까요.

2 뼛속까지 의심하겠어

『최무영 교수의 물리학 강의』라는 책
이 있습니다. 저 같은 물리학 초보자를 위한 책인데, 아주 재밌
습니다. 최무영 교수는 저처럼 키가 작고, 표정과 몸짓 그리고
옷차림까지 소년 같아 전혀 교수처럼 보이지 않습니다. 호기심
이 왕성하여 다방면으로 모르는 것이 없을 정도입니다. 하지만
자신이 말하는 과학의 특성이 철학의 특성과 놀랄 정도로 합
치한다는 것은 아마도 모르지 않을까요.

지금부터는 최무영 교수가 말하는 과학적 사고의 특성을 앞세
워 철학의 특성을 알아보고자 합니다. "과학과 철학은 다르다."
라는 편견이 얼마나 그릇된 것인지 알려 주는 계기가 되면 좋겠
습니다.

과학적 사고란? 근본부터 따져 묻기

과학적 사고는 기존 지식에 대해서 '의식적으로 반성'하는 것이
라고 합니다. 앞서도 잠시 얘기했는데요, 갈릴레오 갈릴레이의
피사의 사탑 이야기를 예로 들어 보지요. 갈릴레이가 피사의 사

탑에서 무거운 물체와 가벼운 물체를 동시에 떨어뜨렸는데 무거운 것이 먼저 떨어지지 않더라, 뭐 그런 이야기입니다. 하지만 이는 역사적 사실이 아닙니다. 갈릴레이는 그런 실험을 하지 않았을 뿐 아니라 실제로도 무거운 추와 가벼운 종이를 동시에 떨어뜨리면 추가 종이보다 먼저 떨어집니다. 따라서 무거운 것이 더 빨리 떨어진다고 생각하게 되죠. 그런데 이런 사실을 의식적으로 다시 한번 따져 보는 것이 과학적 사고입니다. 당연해 보이고 그냥 믿고 받아들여도 이제껏 아무 문제도 생기지 않던 것에 대해, 어딘가 이상한 구석이 있지 않을까 하고 근본부터 다시 생각해 보는 것이 과학적 사고라는 것입니다. 무거운 물체가 더 빨리 떨어진다고 가정해 봅시다. 무거운 물체에 가벼운 종이를 달면 더 무거워졌으니 처음보다 더 빨리 떨어져야겠죠. 하지만 실제로는 그렇지 않습니다. 종이를 달면 무게는 약간 증가하지만 저항이 강해져서 훨씬 천천히 떨어집니다. 앞의 가정에 반하는 결과지요. 그렇다면 기존의 가정을 수정해야겠지요? 결국 물체가 떨어지는 속도의 차이는 공기의 저항 때문임을 알게 됩니다. 공기의 저항이 없다면 무거운 물체와 가벼운 물체가 똑같이 떨어질 것입니다. 이런 의식적인 반성을 과학적 사고라고 합니다.

모두가 그냥 믿을 때, 철학은 의심한다

철학도 마찬가지입니다. 누구나 아무 이상 없다고 여기는 것에 의문을 제기하고 그 근원을 따지는 일을 합니다. 이것을 의식적인 반성 또는 성찰이라고 부릅니다. 소크라테스가 사람들을 붙잡고 "용기란 무엇인가?"라고 물었던 것이 바로 그런 작업입니다. 용기는 사전에도 올라 있는 말이고 누구나 뜻을 알고 있다고 여기지요. 상식이라고 할 수 있는 것입니다. 하지만 소크라테스는 용기의 정의를 묻습니다. 사람들은 이런저런 대답을 하지만 계속되는 소크라테스의 질문에 결국 자신이 제대로 알고 있던 게 아니었다고 인정하게 됩니다. 이런 사례는 서양 철학사에서 끊임없이 나타납니다. 데카르트는 우리가 자연스럽게 여기는 정신과 육체의 관계에 의문을 제기했습니다. 보통 우리는 정신과 육체가 긴밀히 관련을 맺고 있다고 여기지요? 정신이 복잡하면 몸이 아프고, 몸이 아프면 정신이 사나워지고요. 즉 정신과 몸은 상호 작용을 한다고 생각합니다. 이것이 기존의 지식입니다. 그런데 데카르트는 이런 상식에 도전하고 정신과 물질의 속성에 대해 묻습니다. 그러고는 정신과 육체의 속성상 둘은 너무나 달라서 상호 작용이 불가능하다는 결론을 이끌어 냅니다. 정신은 시공간을 차지하지 않는다는 속성이 있습니다. 이에 반해 육체는 물체로서 시공간을 점유합니다. 쉽게 말해서,

몸은 만질 수 있지만 정신은 만질 수 없습니다. 그렇다면 어떻게 정신과 육체가 상호 작용을 할 수 있겠습니까? 정신은 붙잡을 수도, 만질 수도 없습니다. 그렇다면 공간에 퍼져 있지도 않은데 어떻게 몸과 영향을 주고받을 수 있을까요? 정신은 유령 같은 것인가요? 그렇지는 않아 보입니다. 이것이 바로 데카르트가 제기한, 그 유명한 심신의 문제입니다. 사실 이런 문제는 철학자들이 의식적으로 제기하지 않는 한 문제가 되지 않았을 겁니다. 누가 몸과 마음이 상호 작용할 수 없다고 주장하겠습니까? 누구나 몸과 마음의 연결을 경험하고 있는데 말입니다.

　이렇게 기존의 지식에 의문을 제기하고 그것을 뒤엎으려는 것을 철학이라고 한다면 조금 이상한 사람들이 하는 작업이라고 생각하는 게 오히려 자연스럽겠지요. 여러분은 『장자』라는 책을 알고 있나요? 거기에 장례식에서 가야금을 타면서 노래 부르는 사람의 이야기가 나옵니다. 보통 장례에서는 곡을 하면서 슬픔을 표하는 것이 상식이기에 어찌 된 일인지 묻습니다. 대답은 이렇습니다. 기인은 사람에게는 맞지 않으나 자연에게는 맞는다. 그러므로 하늘의 소인은 인간 세상의 군자요, 하늘의 군자는 인간 세상의 소인이다. 세상 기준으로 보면 이상할지 몰라도 자연의 이치로 보면 당연하다는 뜻이겠지요. 그래도 역시 『장자』의 이야기는 좀 이상합니다. 하지만 이상해 보이는 이 이야기의 근본을 파헤쳐 보면 우리가 예상하지 못했던 이야기가

나옵니다. 『장자』의 경우도 마찬가지인데요, 장례식에서 노래
부르는 것이 상식적으로는 이상하지만, 자연의 이치를 알고 나
면 수긍하게 되고 또 그로 인해 더 자유로워질 수 있습니다. 자
연의 이치를 따르는 것이 인간의 삶에도 결국은 좋다는 것을 깨
닫게 된다는 것입니다. 물론 이런 이치에 공감하려면 노력을 해
야 합니다. 그래야만 얻을 수 있겠지요. 하지만 시작은 기존의
지식에 의문을 던지고 회의하는 것에서 비롯합니다. 이것이 철
학의 몫이지요. 그런데 기존의 지식에 의문을 던지고 회의하는
것은 과학의 정신과도 일치하는 태도입니다.

3 수치로 나타내는 과학, 논리로 무장한 철학

　　　　　　　　훔치고도 칭찬받는 경우는 별로 없는데 야구에서는 많이 훔칠수록, 잘 훔칠수록 칭찬받습니다. 도루 이야기입니다. 1루에서 2루로 도루하는 장면은 야구에서 흔히 볼 수 있습니다. 보통은 주자의 발이 빠르고 스타트가 좋을 때 성공할 확률이 높지요. 하지만 투수의 투구 동작을 예측하고 타이밍을 빼앗는 것도 매우 중요합니다. 따라서 투수가 도루를 허용하지 않으려면 투구 동작을 간결하게 하는 것이 필요합니다. 보통 "퀵 동작이 빠르다."고 합니다. 그런데 어느 정도 빨라야 도루를 저지하는 데 도움이 될까요? 대개 언더핸드 투수는 투구 동작이 크고 느리기 때문에 도루에 취약하다고 합니다. 이때 어느 정도 빠른지는 막연히 느리다 혹은 빠르다가 아니라 수치로 나타내야겠지요. 수치로 표현해야만 몇 배나 빠른지 혹은 느린지 명확히 알 수 있을 테니까요. 보통 야구에서는 투구 동작에서 포수 미트에 들어가는 시간이 1.3초를 넘지 않아야 한다고 합니다. 그렇게 빠르면 도루하기가 어렵다는 것이지요. 실제로 감독이 스톱워치를 이용해 상대 투수의 퀵 동작을 잽니다. 이때 수치로 정확히 재서 알 수 있다면 그만큼 판단에 도움이 되겠지요. 이처럼 수치로 나타내는 것을 정량화라고 하는데 이것이 과학의 특징입니다.

과학, 모든 것을 수식으로 표현하다

수치로 모든 지식을 표현하려는 것이 과학입니다. 막연히 '더 빨리'라고 말하지 않고 두 배인지 세 배인지를 밝히려는 것입니다. 따라서 과학에서 문학적 표현만으로 된 설명을 찾기는 어렵습니다. 점점 더 어두워지고 있다는 식의 표현이 아니라 조도가 얼마에서 얼마로 낮아졌다고 표현하는 것이지요. 과학책을 펼치면 수식이 잔뜩 나오지요? 물리학 시험을 보려면 계산을 해야만 하고요. 과학은 지식을 정량화하려고 하기 때문입니다. 이야기나 문학 언어에 익숙한 청소년은 과학책만 보면 머리가 지끈거리기도 합니다. 재미있는 과학 이야기를 읽고서 나도 과학자가 될 거야, 하고 결심하더라도 고등학교에 가서 막상 물리를 배워 보면 사정이 다르다는 것을 알게 되기도 합니다. 수식으로 표현하는 데 취미가 있다면 과학자가 되는 것에 지장이 없겠지만, 그렇지 않다면 수학을 못해서 과학을 포기하게 되는 경우가 생깁니다. 흔히 과학을 못한다는 것은 단순히 계산을 못한다는 뜻이 아니라 지식을 수치로 나타내는 것, 즉 정량적으로 사고하고 표현하는 것이 체질에 맞지 않는다는 뜻입니다.

과학이 내건 지식의 정량화는 아주 넓은 분야에 영향을 끼치고 있습니다. 당장 사회 과학의 한 부문인 경제학만 해도 수식 투성이고, 사회학에도 수식을 동원하는 정량화가 필요합니다. 교통의 흐름, 지능 지수, 비만 지수 같은 것도 모두 정량화되어 있습니다. 정량화할 수 없다면 아직 과학적 지식이 아니라고 말할 수 있을 정도입니다. 과학은 세계에 대해 '어떻게'를 설명하는 데 초점을 맞추기 때문에 정량화가 중요한 것입니다. 정확하게 어떤 방식으로 작동하는지를 설명해야 하니까요. 그렇다면 철학에도 이와 같은 지식의 정량화가 있을까요?

철학은 인문학이고 정신적 가치를 다루기 때문에 수치로 표현하기란 애초에 불가능한 듯 보입니다. 예를 들어 윤리적인 면을 보자면, '착함'을 놓고 서로 비교할 수는 있겠지만 정확히 몇 배 착한지 수치로 나타낼 수는 없겠지요. 인문학이 지식을 정량화할 수 없다는 것은 맞습니다. 이런 점에서 지식의 정량화는 과학의 특징이라고 해도 좋겠습니다. 그렇다고 철학이 자기 마음대로 애매하게 표현할 수 있다는 뜻은 전혀 아닙니다. 다만 수식으로 표현한다고 해서 더 정확하고 진리에 가깝다고 말할 수는 없다는 뜻이지요.

철학, 언어를 사용하되 논리적으로

철학은 수식 대신 언어를 사용하지만 언어가 지녀야 할 논리를 따르지 않으면 안 됩니다. 즉 철학은 지식의 정량화가 아니라 지식의 논리화를 추구한다는 것입니다. 다시 말해서 논리적으로 전개해야 한다는 것이죠. 아마 논리적이라는 말을 못 들어본 사람은 없을 텐데요, 바로 이 논리학이 철학의 근본 중 하나입니다. 과학이 지식을 정량화하려 한다면 철학은 논리학의 범위 내에서 생각을 전개합니다. 마음 가는 대로, 붓 가는 대로 쓰지 않는다는 것이지요. 지식을 정량화하지 못하면 과학이 될 수 없듯이 생각을 논리적으로 전개하지 못하면 개인적 소감에 머무르게 됩니다.

니체는 '초인'이라는 개념을 주장했는데요, 초인에 관한 논의는 매우 어렵습니다. 하지만 중요한 것은 전개 과정이 논리적이라는 점입니다. 니체는 수필가가 아니라 철학자입니다. 따라서 그는 매우 논리적으로, 의지나 충동이 삶의 원천이라고 주장합니다. 결과가 수필과 비슷한 글로 나타날 수는 있어도 전개 과정은 놀랍도록 정교하며 논리적입니다. 이런 점에서 철학이 어렵습니다. 과학이 정량화를 추구하기에 수식에 약한 사람이 대개 힘들어하듯 철학은 논리적이어야 하기에 논리에 약한 사람에게 매우 어렵습니다.

논리로 무장한 철학은 얼핏 이상하게 들리는 주장을 입증하려 합니다. 비트겐슈타인을 예로 들어 보겠습니다. 그는 자신의 책 『논리 철학 논고』에서, 세계는 일어나는 모든 것이며, 세계는 사실들의 총체이지 사물들의 총체가 아니라고 말합니다. 사실과 사물이 어떻게 다를까요? 그는 계속해서 사태는 대상들(실물들, 사물들)의 결합이라고 말합니다. 어렵지요. 친절한 설명도 없습니다. 알겠으면 알고 어려우면 말라는 태도라고 할 수 있을 정도입니다. 그러더니 마지막에는 말할 수 없는 것에 관해서는 침묵해야 한다고 주장합니다. 말할 수 없는 것에 침묵해야 한다면 말할 수 있는 것이란 무엇일까요? 비트겐슈타인은 자연 과학의 명제 이외에는 말하지 말라고 합니다. 즉 철학의 발언은 아무 의미가 없다는 것입니다. 이상하지요? 철학책인데 철학은 아무런 의미가 없고 자연 과학의 명제만 의미가 있다니요. 이상한 결론이기는 하지만 막상 책을 들고 읽으면 논리 정연한 전개로 인해 그런 결론마저 받아들이게 됩니다. 물론 비판은 가능하지요. 이 비판 가능성은 과학과 철학의 공통된 특징이므로 뒤에서 다시 말하겠습니다. 여하튼 논리적으로 전개되기 때문에 철학책은 상식적인 전제로 시작해서 상식적이지 않은 결론으로 끝낼 수 있는 것입니다.

정량화하지 못하면 과학이라고 할 수 없기에 어떻게든 수치로 나타내려는 것이 과학이라면, 철학은 논리학의 규칙에 따라 자신의 주장을 입증하려 합니다. 이것은 둘 다 어렵습니다. 고등학교 때 철학을 하고 싶었던 학생이 대학에 들어와서 철학을 배우려 할 때, 논리학을 반드시 배워야 하는 상황에 놓이게 됩니다. 논리학은 수학과 비슷합니다. 추론하고 따지고 답을 내야 합니다. 철학을 하고는 싶지만 논리학을 못해서 포기하는 경우가 종종 있습니다. 과학도 마찬가지이지요. 열망은 있지만 수식을 잘 다루지 못하기 때문에 과학의 길에 들어서지 못하는 일이 자주 있습니다. 수식과 논리학이 도구처럼 보이지만 꼭 그렇지만도 않습니다. 논리학은 철학에서 도구 이상입니다. 왜냐하면 논리를 따르다 자신의 처음 주장과 반대되는 주장에 다다를 수도 있기 때문입니다. 그렇게 된다면 자신의 주장을 수정해야 합니다. 단순한 도구라면 이런 일은 일어나지 않을 것입니다. 그저 주인의 뜻에 따르겠지요. 그러나 논리학이 객관적인 도구인 것은 틀림없는 사실입니다. 다른 사람들이 논리학을 가지고 주장의 타당성을 객관적으로 따져 볼 수 있기 때문입니다. 수식으로 전개된 과학적 주장을 다른 사람들이 검증할 수 있는 것과 같습니다. 수치와 논리학을 통해 과학과 철학은 각각 객관적으로 자신을 드러낼 수 있습니다. 바로 이 점이 과학적 사고와 철학적 사고의 공통점입니다. 막연하고 애매한 주장을 하지 않지요. 철학은 겉보기와는 사정이 전혀 다릅니다.

철학을 하기 위해서는 기초 논리학을 익히는 것이 유리합니다. 어려운 논리학을 할 필요는 없지만 초급 논리학 정도는 배워 두면 좋습니다. 어떤 경우에 오류가 발생하는지 어떻게 전개해야 논리적인 글이 되는지 정도는 익히고 있어야 철학을 잘할 수 있습니다. 이것은 물론 자기만의 철학을 해 나가는 데도 도움이 됩니다. 남의 글을 읽고 논리적인 잘못을 발견할 수 있고 자신의 글이나 생각을 스스로 점검할 수 있을 정도의 논리학을 배워 놓으면 자신의 철학을 하기에 수월합니다. 그렇지 않으면 꽤 비효율적일 것입니다.

4 실험으로 입증하는 과학과 철학

조금은 어둡고 썰렁한 곳, 무미건조했던 곳으로 기억합니다. 대학교 1학년 때 과학 실험실의 모습은 제게 그렇게 남아 있습니다. 비교적 간단한 실험이었던 것 같은데, 몇 명이 조를 이루어서 주어진 과제를 실험하고 보고서를 제출하는 것이었습니다. 저는 실험이 별로 재미가 없었어요. 새로운 것을 증명하는 게 아니라 이미 나와 있는 지식을 재확인하는 것이었기 때문입니다. 떨림이 없었지요. 하지만 실험이 신기하다고 느꼈던 때도 있습니다. 초등학교 때입니다. 감자인지 고구마인지 확실하지는 않지만 거기다 무슨 시약을 떨어뜨렸더니 색이 변했거든요. 마법처럼 보라색으로 변했어요. 무척이나 신기했지요. 물론 이 실험 역시 교과서에 나오는 내용을 다시 한 번 확인하는 것이었습니다. 하지만 그때는 어려서 신기하게 느꼈던 것이겠지요. 그런데 실험은 과학 시간에만 했던 것 같습니다. 국어나 수학, 영어 시간에 한 적은 없는 것 같아요. 왜 과학 시간에만 실험을 했던 것일까요? 최무영 교수는 과학은 머릿속으로만 생각하고 예측하는 것이 아니라 실험을 통해 검증해야 한다고 말합니다. 과학은 자신의 주장이 객관적으로 참임을 실험을 통해서 입증한다는 것입니다. 이에 반해 철학은 실험을 하지 않는 것 같지요. 그럼 과학과 철학은 이 점에서 차이가 나는 것이겠네요? 하지만 너무 성급히 결론을 내리지는 말기 바랍니다.

실험으로 입증되어야 과학적 진실

'디랙의 바다'라는 물리학 용어가 있습니다. 원자가 질량이 없는 가상의 입자들로 뒤덮여 있다는 것을 '바다'에 비유한 말인데요, 디랙이라는 물리학자가 전자에 반대되는 입자가 있다고 주장한 것은 1928년이었습니다. 원라 전자는 음전기를 띠고 있습니다. 그런데 디랙은 음전기가 아니라 양전기를 띠는 전자가 있다고 주장한 겁니다. 물론 수식을 통해서 말이죠. 이론은 객관적으로 문제가 없어 보였습니다. 그러나 그렇다고 해서 바로 양전자의 존재가 증명된 것은 아니었습니다. 실험 증거가 아직 없었습니다. 양전자가 존재한다면 우리가 살고 있는 우주와 반대 물질로 이루어진 반우주의 존재를 인정하게 되는 것이기에 이 문제는 상당한 의미가 있었습니다. 그런데 1932년 칼 앤더슨이라는 사람이 그 증거가 되는 우주선(線)을 찾아냈습니다. 실험으로 입증을 한 겁니다. 그런 뒤에야 디랙은 노벨상을 수상했습니다. 이와 같이 과학은 이론으로 완벽하다 해도 실험으로 입증되지 않으면 지식이 되지 못합니다. 그렇다면 철학도 실험을 할 수 있을까요?

철학 실험실을 본 사람은 없을 것입니다. 그와 비슷한 것도 없겠지요. 철학 실험실이 있다면 이런 식으로 말할 수 있어야 할 겁니다. "자, 여러분, 이제부터 실험을 해 보겠습니다. 플라톤은 이데아의 세계가 있다고 했죠? 이제부터 모든 수단을 동원해 이데아 세계의 흔적을 찾도록 하겠습니다⋯⋯." 그런데 역사 이래로 이런 증거를 찾으려 실험을 하거나 실증적 증거를 확보하려 한 적은 없었습니다. 왜냐하면 이데아 세계란 시공간을 차지하지 않기 때문입니다. 다시 말해서, 정량적으로 나타낼 수 없다는 뜻입니다. 물질적인 것이 아니라는 말이지요. 물질적인 것이 아닌 것을 어떻게 실험할 수 있겠습니까. 이데아 세계는 이 세계와는 전혀 다른 세계입니다. 물론 반우주도 이 우주와는 전혀 다른 세계이긴 합니다. 하지만 반우주는 측정이 됩니다. 반물질의 흔적인 양전자를 찾을 수 있습니다. 하지만 이데아 세계는 비록 참된 세계라고는 하지만 수치로 나타낼 수는 없지요. 디랙의 바다라는 개념도 디랙의 머릿속에 있었고 그의 이론 속에 있었지만 밖에서 실증적 증거를 찾아낼 수 있었습니다. 하지만 플라톤의 이데아는 밖에서 실증적 증거를 찾을 수 없습니다. 헤겔의 절대정신도 마찬가지지요.

수천 년간 철학자들은 윤리적으로 정의란 무엇인가에 대해 논의해 왔습니다. 하지만 합의된 바는 없습니다. 철학자마다 다르고 시대마다 다릅니다. 이에 반해 뉴턴의 중력 법칙은 합의를 보았습니다. 그렇다면 철학은 실험을 하지 않는다는 결론을 내려도 되지 않을까요.

철학의 실험은 머릿속에서

하지만 철학도 실험을 합니다. 그런데 성격이 달라요. 철학은 '사고 실험'이라는 것을 합니다. 이것은 이론을 검증하기 위해서라기보다 이론을 전개하기 위해 합니다. 어려운 이야기처럼 들리지만 꼭 그렇지도 않습니다. 『장자』의 '호접몽'을 생각해 보세요. 장자가 꿈에서 나비가 된 적이 있는데 너무 기분이 좋아서 자신이 장자인지조차 알지 못했다고 하죠? 그러다 꿈에서 깨어 보니 나비가 아니라 장자 자신으로 돌아와 있었습니다. 그런데 장자는 자신이 꿈을 꾸어 나비가 되었는지 아니면 나비가 꿈을 꾸어 장자가 되었는지 알 수 없더라는 이야기입니다. 우리는 일상에서 꿈과 현실을 구분할 수 있습니다. 아무리 실감이 나도 깨어나면 아, 꿈이었구나 하는 자각이 들지요. 그런데 장자는 왜 이런 이야기를 한 걸까요? 아마도 현실이란 무엇인가, 현실이라고 부르는 것의 기준은 무엇인가를 물으려고 한 것 같습니다. 우리가 꿈과 현실을 간단하게 구별하지만 그게 과연 그렇게 간단한 것인가, 우리는 기준을 가지고 있는가? 이렇게 묻고 있는 것이지요. 그런데 이렇게만 물었다면 재미도 없고 사고에 자극도 없었을 것입니다. 나비의 꿈 이야기에 덧붙여서 주장하면 우리는 재미를 느끼면서도 진지해집니다. 음, 과연 그렇군. 내가 나비가 꾸는 꿈이 아니라는 것을 어떻게 알지? 생각을 해 봐야겠다, 이런 마음이 들지요. 이것은 간단한 사고 실험이라고 볼 수 있어요. 실험을 하긴 하되, 실증적인 데이터를 구하는 것이 아니라 문제를 던지거나 자신의 주장을 펼치기 위해 실험적 상황을 생각으로 드러낸다는 것이지요. 머릿속으로 실험을 하는 거예요. 우리의 상상력과 논리를 결합하여 실험적 상황을 만들어 내서 중요한 문제의 실마리로 삼거나 출발로 삼는 것입니다. 철학에서 이런 예는 흔합니다.

데카르트는 악마를 동원합니다. 데카르트는 분명한 것, 다른 것들과 확연히 구별되는 개념으로 철학의 토대를 삼고자 했습니다. 그리하여 의심할 수 있는 것은 모두 의심해 보고, 의심할 수 없는 것이 나타나면 그것을 토대로 철학을 구축하려 했습니다. 그는 예를 들어 '2+2=4'라는 명제마저도 의심했습니다. 악마가 우리 모두를 속일 수 있다는 것이지요. 이런 것이 사고 실험입니다. 그리하여 데카르트는 우리가 당연히 참이라고 여기는 모든 것을 의심하는 작업을 계속했고, 종국에는 "의심하고 있는 자신의 존재는 의심할 수 없다."라는 결론에 이르게 되었습니다. 그것을 바탕으로 그는 세계와 신을 증명하려 했습니다.

그는 이렇게 사고 실험을 통해 자신의 철학을 구축한 것이지요.

철학이 아무리 사고 실험을 한다고 해도 과학의 실험에는 못 미치는 것 같습니다. 실증적인 면에서 그렇다고 할 수 있겠지요. 실험이라 하면 지식을 확증하는 것이라고 생각하기 때문일 것입니다. 이것이 옳은지 저것이 옳은지 이론으로는 판단하기 어려울 때 실험에 맡기는 것이 과학의 방법입니다. 철학은 이런 것을 애초부터 할 수 없습니다. 앞서 살펴본 대로 플라톤의 이데아 세계를 실험으로 증명할 수는 없을 것입니다. 하지만 철학도 세계를 이해하고 설명하기 위해 이런저런 것들을, 비록 머릿속에서이긴 하지만 부단히 실험합니다. 세계를 가장 잘 드러내는 방식이 무엇인지 혹은 자신이 주장하는 바를 가장 효과적으로 전하는 방법이 무엇인지를 찾는 과정에서 실험을 하게 됩니다. 과학과는 성격이 다를 뿐입니다. 어쩌면 실험이라는 말 자체를 과학이 먼저 차지한 것뿐이라고 볼 수도 있겠지요. 어쨌든 철학이 실험을 하지 않는다는 말은 조심스럽게 써야 할 것입니다. 실험을 하기는 하되 머릿속으로 하며, 확증을 위해서가 아니라 실마리를 제시하거나 자기 주장을 효과적으로 전달하기 위해서 한다는 것이 다릅니다.

어떤 지식이든 거짓이 될 수도 있어

최무영 교수가 다음으로 제시하는 과학적 사고는 반증 가능성입니다. 반증 가능성이란, 어떤 지식이든 그것이 거짓이 될 가능성이 늘 존재한다는 것입니다. 이 가능성이 있어야만 과학적 지식이 됩니다. 얼핏 들으면 이상한 이야기 같습니다. 지식은 참이 아닌가요? 그런데 왜 참에 언제든 거짓이 될 가능성이 열려 있어야 할까요? 그것은, 지식이란 것도 불완전한 인간에 의존한다는 믿음 때문입니다. 참 역시 결국 인간이 처한 환경과 조건 그리고 시대적 배경에 따라 결정되므로 '만고불변의 진리'는 받아들이기 힘들다는 것이지요. 해가 동쪽에서 뜬다는 예를 들어 봅시다. 인간이 관찰한 바로는 몇만 년 동안 해가 동쪽에서 떴습니다. 하지만 "해는 언제나 동쪽에서 뜬다."라고 확증하는 것은 잘못이라는 것입니다. 내일은 서쪽에서 뜰 수도 있으니까요. 그렇지만 해의 경우는, 이렇게 반증 가능성이 열려 있는데 아직까지도 반증되지 않았다면 상당히 믿을 만하다고 할 수 있지요. 반증 가능성을 아예 처음부터 허용하지 않는 지식이 있다면 그건 지식이 아니라 종교적 믿음일 것입니다. 학문이라면 그것이 과학이든 철학이든 모두 거짓이 될 수도 있다는 가능성을 열어 둡니다. 따라서 이 특징에 관해 더 길게 이야기할 필요는 없어 보입니다. 합리적 체계로 넘어가도록 하지요.

철학의 특징을 하나씩 알아 가면서 자기만의 철학이 생각만큼 낭만적이거나 수월하지 않다는 생각이 들지요? 근본적으로 회의하는 정신을 가져야만 하고, 기초 논리학 정도는 배워야 할 것 같고, 게다가 생소한 사고 실험도 이제는 해 봐야 할 것 같으니까요. 부담이 될 것입니다. 하지만 너무 걱정할 필요는 없습니다. 앞서도 말했듯이, 자기만의 철학의 장점은 자기 수준에 맞는 철학을 하는 데 있거든요. 철학의 특징을 하나하나 따라 배우면서 자기 수준에 맞는 것을 하면 됩니다.

5 합리적 체계여야 설득할 수 있지

　　　　　　　　아르헨티나의 축구 선수 리오넬 메시의 경기를 보는 일은 언제나 즐겁습니다. 그렇게 잘하는 선수를 화면으로나마 볼 수 있다니 운이 좋다고 생각되기도 합니다. 메시는 개인기가 정말 뛰어납니다. 환상적이라는 표현도 모자랄 정도입니다. 그런데 메시가 FC 바르셀로나 같은 세계 최고 팀이 아니라 동네 조기 축구팀에서 뛴다면 어떨까요? 물론 매우 잘하겠지요. 누구도 그를 맡아 수비할 수 없을 겁니다. 하지만 재미는 없을 겁니다. 아무리 혼자 잘해도 축구의 맛이 나지는 않을 테니까요. FC 바르셀로나와 맨체스터 유나이티드와 같은 팀이 경기를 하면 세계적으로 엄청난 관심을 끄는데, 그건 특출한 선수들이 많아서도 그렇겠지만 그보다는 잘 짜인 팀끼리 맞붙기 때문입니다. 축구는 조직적인 패스와 체계적인 전략과 전술이 뒤따를 때 재미있습니다. 선수 각자가 아무리 훌륭하더라도 조직되지 못하면 팀이 되지 않고, 팀이 되지 않으면 승리할 수도, 관객에게 재미를 줄 수도 없습니다. 철학도 마찬가지입니다. 아무리 반짝이는 생각이 넘치고 기막히게 좋은 아이디어가 있다 해도 하나의 체계를 갖추지 못하면 그저 낱낱의 생각에 불

56 •

과합니다. 지금부터는 철학의 중요한 특징인 합리적인 체계에 대해 알아보도록 하겠습니다.

빠짐없이 기록하는 걸로 충분할까

흔히 한국인은 기록을 소홀히 한다고 하지만 그렇지 않다고 주장하는 사람들도 있습니다. 그렇게 주장하는 사람들은 『조선왕조실록』을 보라고 합니다. 세계 역사상 『조선왕조실록』만큼 왕조의 일을 세심하게 빠짐없이 기록한 책은 없다는 것입니다. 아마 사실일 겁니다. 게다가 『승정원일기』 등의 기록도 그 방대함과 엄밀함에 있어 결코 실록에 뒤지지 않습니다. 이 정도면 조선의 기록 전통은 자랑할 만합니다.

그런데 하루하루의 기록이 아무리 충실해도, 그리고 기록의 내용이 아무리 세밀하며 빠짐이 없어도 그것은 자료에 불과합니다. 몇 년 몇 월 며칠에 무슨 일이 있었다, 이런 단편들의 더미라는 것이지요. 물론 조선이 주자학의 나라였으니까 그 서술에도 나름의 관점이 있었겠지요. 하지만 여전히 단편적 사실들의 집합이라고 볼 수 있습니다. 다시 말해, 이런 자료들만으로 역사학이 탄생하지는 않는다는 것입니다. 역사학이란 조선의 역사뿐만 아니라 중국, 일본 그리고 서양의 역사까지 포함하는 역사 일반에 관한 것입니다. 이러저러한 사실들을 모은 것이 역사 내지 역사학은 아닐 것입니다. 단편적 사실에서 일반적 법칙이나 원리를 찾아내려는 작업이 역사학이겠지요. 따라서 아무리 기록을 충실히 했다고 해도 역사학이 성립했다고 말할 수는 없습니다. 기록 문화가 뛰어나다고 할 수 있을 뿐이겠지요.

 과학도 마찬가지입니다. 아무리 단편적 기록이나 관찰이 많다고 해도 그것으로는 충분하지 않습니다. 일반적 법칙이나 원리를 발견해야 과학이 됩니다. 브라헤라는 천문학자 얘기를 해 볼까요. 그는 망원경이 발명되기 이전이던 당시에 가장 뛰어난 관측학자로 이름이 높았습니다. 일생 동안 관측하여 엄청난 자료를 남겼습니다. 물론 당대의 유명한 천문학자이기도 했지요. 하지만 지금 그는 케플러의 스승으로 더 유명합니다. 여러분이 알고 있는 케플러의 법칙은 브라헤의 제자이자 조수이던 케플러가 그의 자료를 바탕으로 정리한 것입니다. 케플러는 단순한 관측자에 머물지 않고 자료를 토대로 일반적인 행성 법칙을 만들어 냈습니다. 케플러의 법칙은 행성이라면 그 어느 것에나 적용되지요. 이로써 마침내 자료에서 법칙으로 이동하게 된 것입니다. 그런데 뉴턴은 케플러보다도 더 일반적인 법칙을 만들어 냈습니다. 그것이 바로 만유인력의 법칙입니다. 이 중력 법칙으로 케플러의 법칙을 모두 설명할 수 있습니다. 그것도 훨씬 단순하게 말입니다. 이것이 과학입니다. 단편적인 자료가 아니라 합리적인 체계를 제시하고 그것으로써 세계를 설명하니까요.

합리적으로, 체계적으로

철학도 과학과 마찬가지로 합리적인 체계를 제시합니다. 그런데 재미있는 현상이 있습니다. 과학책을 읽을 때 사람들은 보통 불평을 하지 않는데요, 왜냐하면 아예 읽을 수 없는 경우가 대부분이기 때문입니다. 여러분이 아인슈타인의 논문을 읽어 보기로 했다고 칩시다. 거기에 등장하는 개념이나 수식을 과연 이해하고 따라갈 수 있을까요? 저도 물론 읽지 못합니다. 우리가 읽는 과학 서적은 보통은 일반인을 위해 쉽게 풀어 쓴 것으로 수식을 되도록 없앤 책들이지요. 물론 그래도 어렵습니다. 하나의 체계를 설명한다는 것이 쉬울 리가 없지요. 천동설도 하나의 체계이고 지동설도 하나의 체계입니다. 천동설은 틀렸고 지동설이 맞는다는 주장은 옳지 않습니다. 둘 다 훌륭한 체계인데 지동설이 더 경제적이고 효율적이라는 설명이 더 적합합니다. 하지만 원전을 읽으려고 하면 여러분이나 저나 다 기권할 것입니다. 그런데 과학책이 어려운 것은 당연하게 여기면서 왜 철학책을 대하면 태도가 달라질까요? 철학책은 읽을 수 있는 줄글로 되어 있다는 사실 때문 아닐까요? 수식으로 된 철학책은 별로 없습니다. 그렇기 때문에 우리는 개념 훈련이나 준비도 없이 막연히 읽을 수 있다고 생각하는 것이지요. 소설책이랑 별로 다르지 않다고 여기는지도 모르겠습니다. 소설책보다는 어렵더라도 과학 논문 같지는 않다고 여기는 것이겠지요. 하지만 사실 철학책은 과학 논문만큼 어렵습니다. 과학과 똑같이 단편적인 지식이 아니라 통합적인 체계를 제시하려 하기 때문입니다. 그리고 제시되는 체계는 종전의 것과 많이 다르기에 어렵습니다. 종전의 것과 같다면 뭐하러 애써 책을 쓰겠습니까? 아주 새로운 체계를 제시한 철학서 중 하나인 『천 개의 고원』이라는 책을 예로 들어 보겠습니다.

이 책은 들뢰즈, 가타리라는 두 사람의 철학자가 함께 썼습니다. 꽤 중요한 책인데 비교적 근래의 작품이라 아직은 그렇게까지 널리 알려지지는 않은 것 같습니다. 이 책은 철학책답게 종래의 것을 뒤집는 작업을 합니다. 과학과 철학의 특징이 기존의 지식에 대한 의식적인 반성이었던 것을 기억하시나요? 이 책은 그런 특징을 유감없이 발휘하고 있습니다. 그럼 기존의 어떤 지식을 뒤엎으려는 걸까요? 바로 '중심을 갖고 있는 사고방식'이 잘못되었다고 말하려 합니다. 나무 한 그루를 생각해 봅시다. 나무는 뿌리가 있고, 그 뿌리에서 줄기와 가지가 뻗어 나가지요? 그러니 나무에는 뿌리가 중심인 셈입니다. 이런 식으로 서양의 모든 사고는 중심을 갖고 있습니다. 중심이 있으므로 질서가 있고 서열이 생겨납니다. 다양성이 있다 해도 뿌리는 여전히 중심입니다. 따라서 다양성이니, 차이니 해도 중심에서 얼마나 멀리 있느냐 하는 정도의 차이일 뿐이라는 것입니다. 이것이 기존의 사고방식입니다. 그런데 들뢰즈와 가타리는 이런 사고방식을 거부하고 '리좀'이라는 개념을 주장합니다. 리좀은 구근이나 덩이줄기를 뜻하는 말인데, 인간의 사고방식에 중심이 없다는 것을 표현하기 위해 도입되었습니다. 즉 나무처럼 되어 있지 않고 고구마 같은 덩이줄기처럼 중심이 없이 전개되는 거예요. 이것은 우리 뇌와도 비슷합니다. 뇌도 중심이 없는 네트워크로 되어 있기 때문입니다. 뇌의 어느 부위가 중심이라고 꼬집어 말할 수 없다는 것입니다. 하지만 네트워크를 통해서 훌륭히 임무를 수행하고 있지요. 리좀은 중심이 없다는 것, 혹은 시작이나 끝이 없다는 것입니다. 나무가 아니라 고구마 줄기가 얽혀 있는 것을 상상하기 바랍니다. 어디가 시작이고 어디가 끝인지 알 수 없고 중심이 없으므로 서열도 없겠지요.

『천 개의 고원』에서 주장하는 바는 매우 획기적이지요? 기존의 지식과 너무 달라 설득당하려면 많은 것이 필요합니다. 그중 가장 중요한 것이 체계입니다. 가끔 사람들이 황당한 이야기를 할 때가 있습니다. 길을 잃은 개가 몇백 킬로미터를 걸어 혼자 힘으로 집에 돌아왔다는 겁니다. 믿기 힘든 이야기지요. 당연히 무시하거나 의심합니다. 하지만 여러 증거가 나오고 특히 개의 후각과 습성 그리고 특징에 관해 전문가들이 차례로 말하는 것을 듣다 보면 서서히 믿게 됩니다. 전문가는 단편적인 증거를 제시하는 것이 아니라 개라는 동물의 특징을 체계적으로 설명하기 때문입니다. 리좀 이야기도 마찬가지입니다. 아무래도 이상하다고 생각하는 것이 자연스러운 반응이지만『천 개의 고원』을 다 읽고 나면 매료당하는 일이 일어납니다. 하나의 체계로 설명을 해냈기 때문입니다. 리좀을 주장하기 위해서는 체계가 필요하고, 체계를 드러내려면 상당히 긴 분량이 필요하겠지요.『천 개의 고원』은 자그마치 1,000쪽이 되는군요. 이렇게 길고 어려운 것을 읽어 내려면 상당한 지적 취미와 인내심이 필요합니다. 그런 노력을 기울여 하나의 체계를 받아들이면 세상이 달리 보일 것입니다. 사람들이 처음으로 지동설을 받아들였을 때도 분명 세상이 달리 보였겠지요. 과학과 철학은 단편적 지식의 묶음이 아니라 하나의 체계를 제시합니다. 그리고 체계를 통해 보는 세계는 전과는 다른 모습입니다.

과학과 철학은 형제 사이

이상으로 과학과 철학이 어떤 점에서 형제라고 할 수 있는지를 살펴보았습니다. 형제라 해도 역시 다른 점도 있을 수밖에 없겠지요. 세계를 통째로 이해하려는 작업이라는 면에서 과학과 철학은 같은 목표를 갖습니다. 그리고 기존 지식에 대한 의식적 반성이라는 정신도 일치합니다. 다른 점이 있다면 과학은 정량적으로 지식을 고찰하려 하는 반면 철학은 논리적으로 구성하려 한다는 것입니다. 물론 과학이 논리적이지 않다는 뜻은 아닙니다. 그리고 과학은 실험을 하지만 철학은 사고 실험을 한다는 것 역시 다른 점이 되겠습니다. 하지만 이것은 세계를 파악하는 방식의 차이일 뿐입니다. 즉 세계를 수식으로 파악하느냐 언어로 파악하느냐 정도의 차이라는 것이지요. 그 목표나 근본정신에서는 아무런 차이도 없습니다. 게다가 과학이나 철학은 거짓이 될 가능성을 부인하지 않는다는 점에서도 다르지 않고, 단편적 지식의 묶음이 아닌 통합적 체계를 제공한다는 점에서도 일치합니다.

과학은 '어떻게'에 답하고 철학은 '왜'에 답한다

그런데 과학과의 비교에서 빠진 것이 하나 있습니다. 매우 중요한 문제인데요, 과학은 '어떻게'에 대해 말하고, 철학은 '왜'에 대해 말한다는 것입니다. 예를 들어 보지요. "사람은 어떻게 해야 오래 살 수 있을까요?" 이런 질문에는 과학이 답을 합니다. 운동, 영양 섭취, 스트레스 조절, 마음가짐 등을 아주 자세하고 친절하게 가르쳐 줍니다. 철학자가 이런 질문에 대답하기는 어렵습니다. 할 수 있다 해도 구체적이지는 않겠지요. 하지만 철학은 "사람은 왜 사는가?"라는 질문에는 답할 수 있습니다. 물론 철학자마다 답의 내용은 다 다르지만 어쨌든 철학은 이런 질문에 답변을 시도합니다. 하지만 과학은 이런 질문에 답하기가 쉽지 않을 겁니다. 과학은 세계가 어떻게 움직이고 있는지 그리고 어떻게 움직여 왔는지에 대해 말합니다. "왜?"라는 질문에는 별로 답하지 않습니다. 우리는 흔히 '왜'와 '어떻게'를 혼동합니다. 왜 학교에 지각했느냐와 어떻게 지각했느냐는 서로 다른 질문입니다. 왜에 대해서는 심리적인 답을 해야 합니다. 반면 어떻게에 대해서는 과정을 말하면 됩니다. 지하철이 고장 나서 늦었다고 답한다면 어떻게에 대한 답입니다. 하지만 학교 오기가 싫었다고 하면 왜에 대한 답입니다.

과학은 세계를 설명하려 하지만 철학은 세계의 의미를 탐구하고자 합니다. 이것이 아마도 철학과 과학의 가장 큰 차이점일 겁니다. 물론 과학자도 때때로 세계의 의미에 관해 말합니다. 하지만 이것은 과학자 개인의 의견일 때가 많습니다. 여전히 과학은 의미보다는 설명을 하려고 하니까요.

그렇다면 의미 추구는 철학만의 전유물일까요? 세상이 왜 이 모습인가, 왜 악인은 더디 처벌받는가, 인생은 과연 허무한 것인가 같은 질문에 철학만 답해 온 것은 아니었습니다. 종교도 이런 질문에 답해 왔습니다. 아니 어떤 의미로는 더 적극적으로 대답해 왔다고 할 수 있을 겁니다. 철학과 종교가 '의미 추구'라는 점에서 일치한다면 어떤 면에서 철학만의 특징을 말할 수 있을까요? 종교와 비교하면서 이 과제를 해결해 보지요.

2

종교와 철학,
어떻게 다른 거야?

1 살아가면서 지침이 필요할 때

어느 날 로조 1등에 당첨되면 기분이 어떨까요? 저는 한 번도 당첨된 적이 없어 모르겠습니다만 아마도 매우 기쁘면서도 동시에 두려움이나 불안감도 들지 않을까 싶습니다. 몇십억 원이 하늘에서 떨어지다니! 비싼 옷도 사고 집도 사고 고급 차도 사고……, 생각이 끝도 없이 이어지겠지요. 평소에 하고 싶던 것, 사고 싶던 것이 죄다 떠오를 것 같습니다. 하지만 하룻밤이 지나면, 다른 사람들이 내가 로또 1등에 당첨된 줄 알면 돈을 달라고 하지 않을까 하는 걱정이 생기겠지요. 봉사 단체에서 기부하라고 할 수도 있고 친척들이 선물을 사 달라고 할 수도 있고, 부모 형제가 손을 벌릴 수도 있겠다는 생각이 들 것 같습니다. 아는 사람들이 새록새록 떠올라 점점 불안해질지도 모르겠습니다. 급기야 모든 것을 정리하려 하거나, 심지어 친인척과 친구와 연락을 끊기 위해 이민을 가려 할지도 모릅니다. 그런데 끝은 어떻게 될까요? 외국의 경우는 통계가 나와 있는데요, 낭비, 이혼, 방탕한 생활로 인해 추락하는 경우가 꽤 많다고 합니다. 한국에서도 갑자기 이사를 가고 숨는 경우가 많다고 하는군요. 이렇게 된다면 로또 1등 당첨이 오히려 인생에 재앙을 불러온 것은 아닐지요. 이런 경우에는 어떻게 해야 좋을까요? 그리고 로또 당첨 같은 드문 경우가 아니더라도 삶에 큰 위기나 변화가 찾아오면 어떻게 대처해야 할까요.

앞서 우리가 말한 철학은 이런 때 도움이 되지 않을지도 모릅니다. 플라톤이 주장하는 선의 이데아나 아리스토텔레스가 말하는 중용이 도움이 될까요? 칸트의 정언 명령은 너무 추상적이어서 구체적 상황에 적용하기는 무리이겠지요. 왜냐하면 칸트는 자신의 준칙이 항상 보편적인 법칙과 일치하도록 행동하라고 권하는데, 말은 좋지만 현실에서 자신의 준칙이 보편적인 법칙과 일치하는지를 가늠하기란 매우 어렵기 때문입니다. 로또 당첨의 경우 어떤 행위가 보편적 법칙과 일치하는 것일까요? 너무 막연하지 않습니까. 그렇다고 현대의 정의론을 이런 상황에 적용시키려면 고도의 사고 과정을 거쳐야 할 겁니다. 현대의 윤리학은 윤리학이 과연 성립할 수 있는가까지도 탐구하느라 구체적 상황에서 더욱더 멀어졌기 때문입니다. 철학은 세계를 이해하려 한다고 앞서 말했습니다. 이해하고 나서 행동을 취할 수 있으면 다행이지만 불행히도 대체로 그렇지 못합니다. 이해로부터 행위에 이르는 과정은 너무도 길고 단계가 많기에 실패할 확률이 높습니다.

철학자는 생각만 한다?

예전에 초등학교 교과서에서 이런 이야기를 읽은 적이 있습니다. 비가 오는 날, 지붕 이곳저곳이 샙니다. 방 안으로 물이 떨어지기 시작하고 아이들은 그릇을 받쳐 놓습니다. 그런데 점점 새는 곳이 늘어납니다. 아이들이 아버지께 어떻게 하면 좋으냐고 묻습니다. 아버지는 계속 생각합니다. 왜 비가 새는 것일까? 아이들이 지붕에 올라가야 하지 않겠느냐고 채근해도 아버지는 계속 생각만 합니다. 왜 비가 새는 것일까? 이야기의 끝이 어떻게 되었는지는 확실하지 않습니다만 아버지가 계속 생각만 하는 동안 방이 물에 잠기지 않았나 싶습니다. 이 이야기 속의 아버지가 바로 철학자입니다. 그는 생각을 합니다. 왜 그런 것인가? 상황이 급박해도 계속 생각만 합니다. 무엇인가 해야만 하는데 말입니다.

그럼 종교는 어떨까요. 꾸르안(우리가 알고 있는 '코란'은 부정확한 발음이라고 하니 이 책에서는 '꾸르안'이라고 표기하겠습니다.)에 이런 가르침이 나온다고 합니다. 고기를 잡으면 3분의 1은 본인이 먹고 3분의 1은 가까운 사람들에게, 나머지 3분의 1은 어려운 사람들에게 나누어 주어야 한다고요. 이슬람을 믿는 사람들은 이 가르침에 따르겠지요. 꾸르안에 그렇게 쓰여 있으니까요. 그렇다면 로또에 당첨되어 30억 원이 생겼을 때를 생각해 봅시다. 이 가르침에 따르자면 10억 원은 자신이 쓰고 10억 원은 친인척이나 친구를 위해 쓰고 나머지 10억 원은 기부하면 될 것 같습니다. 이렇게 되면 분란도 없고 몰래 이사 갈 필요도 없어 보입니다. 불안에 떨며 살 필요가 없다는 것이지요. 종교 경전의 가르침대로 행했으니 적어도 이슬람을 믿는 무슬림 사회에서는 별문제가 없을 겁니다. 무슬림이 아니더라도 이런 가르침을 자신에게 적용할 수도 있겠지요. 어쨌든 이처럼 현실에서 판단하고 행해야 하는 경우 종교는 철학과 달리 구체적으로 방법을 알려 줍니다.

종교는 시시콜콜 다 알려 준다

제가 어느 날 무슬림들과 식사를 하는데, 그 사람들은 아예 왼손을 식탁에 올려놓지 않고 오른손으로만 식사를 하는 겁니다. 신기해서 물어보았더니 꾸르안에 그렇게 쓰여 있다는 답이 돌아왔습니다. 그런 것까지 쓰여 있나 하는 생각이 들 정도였는데, 확인해 보니 사실이었습니다. 이슬람은 오른손 문화입니다. 좋은 일은 오른손이 하고 용변을 보거나 신발을 닦고 코를 풀 때는 왼손을 사용합니다. 화장실에 갈 때에도 왼발을 먼저 들여놓는다고 하네요. 손톱도 오른손부터 깎고 칫솔질도 오른쪽부터 한다고 하니, 얼마나 세세하게 일상생활의 지침을 주는지 알

수 있습니다. 어떤 철학을 보아도 이런 것들을 일일이 권유하거나 제시하는 경우는 없을 겁니다. 종교는 무엇을 어떻게 행할 것인가에 대해 아주 상세히 말합니다. 비 오는 날의 아버지처럼 왜 그런 걸까 묻고 있지만은 않습니다. 비가 오면 무엇을 어떻게 하라고 구체적으로 일러 줍니다.

이것이 종교와 철학의 다른 점입니다. 종교는 철학과 달리 경전이 있으며 제의라든가 예배 같은 정해진 형식이 있고 교단이라는 조직도 갖추고 있습니다. 경전, 제의, 교단이라는 특징으로 종교를 철학과 구분할 수 있습니다. 니체를 존경하고 따르는 사람이 아무리 많아도 그가 쓴 『차라투스트라는 이렇게 말했다』가 경전이 되지는 않지요. 니체 학회가 전 세계에 있지만 교단이 될 수는 없습니다. 또한 니체를 경배하기 위해 기도를 하거나 절을 하는 일도 상상하기 힘듭니다. 물론 예외도 있습니다. 피타고라스학파는 콩을 먹지 않았고 무리수의 존재를 비밀로 하는 등 종교 집단 비슷하게 운영되었다고 합니다. 그렇긴 하지만 예외적인 고대의 사례이고, 철학자가 종교 지도자가 되는 일은 전혀 없다고 보아도 좋을 겁니다.

철학과 종교가 어떻게 다른지 더 확연하게 알기 위해서, 종교가 구체적인 행위를 어떻게 지도하는지 살펴볼까요? 이것은 앞서 과학과 철학의 구분과 마찬가지로 궁극적으로는 자기만의 철학을 하기 위한 선행 작업임을 잊지 마시고요.

2 물건을 훔치는 건 왜 나쁠까?

　　　　　　　예전에 이탈리아를 여행한 적이 있습니다. 로마에 갔는데, 다들 소매치기를 조심하라고 일러 주더군요. 특히 사람이 많이 모이는 광장 같은 곳에서는 집시들에게 둘러싸이면 안 된다고 했습니다. 집시 아이가 지갑을 가져간다고요. 집시들한테는 남의 물건을 훔친다는 개념이 없다는 거예요. 그냥 같이 쓰는 것이라고 생각하기 때문에 훔친다고 여기지도 않는다는 겁니다. 그 말을 들었을 때는 이상한 사람들이군, 하고 지나쳤습니다. 그런데 나중에 철학적으로 생각해 보니 그리 만만한 문제가 아니었습니다. 훔치는 건 나쁜 행동이라는데, 훔친다는 것이 그 자체로 나쁜 행위인지 아니면 훔친다는 것을 용인하면 질서가 무너져서 결국 사회에 해가 되기 때문에 나쁜 것인지, 따져 보려니 결코 쉬운 문제가 아니었습니다. 이런저런 반론이 제기될 수 있고 결국 이 논쟁은 결말이 나지 않을 것입니다. 그리고 따져 묻기를 거듭하다 보면 "나쁘다는 것은 무엇인가?"에 이르게 되고, 그렇게 되면 더욱더 철학적이 되겠지요. 역시 철학은 어려운 것이네요.

　악이 무엇인가에 대해서 토마스 아퀴나스는 존재의 결핍이라고 했습니다. 무슨 말인지 알기 어렵지요? 안다고 해도 당장 일상생활에서 변하는 것은 없습니다. 남의 물건을 훔치는 것이 나쁜 줄은 "악이란 존재의 결핍이다."라는 것을 모르더라도 다들이미 알고 있으니까요. 도덕이나 관습이 우리에게 알려 주고 법이 강제하는 탓에 우리는 남의 물건을 훔치면 안 된다는 것을 이미 알고, 실천하고 있습니다. 하지만 철학자라면 이런 기존의 상식을 의식적으로 반성해야겠지요. 다시 말해서, 훔치는 것이 정말 나쁜가, 나쁘다면 왜인가? 이런 문제를 고민해야 한다는 것입니다. 문제는 고민의 결과가 어떻게 나오든 일상생활에서 절도는 여전히 나쁜 행위라는 겁니다. 즉 아무런 영향을 끼치지 못한다는 말이지요. 철학이 일상생활의 행위에 영향을 미친다 해도 아주 미미한 정도라고 생각합니다.

신이 나쁘다고 결정했으니까

그렇다면 종교에서는 절도를 왜 나쁘다고 할까요? 그것은 신이 나쁘다고 결정했기 때문입니다. 다시 말해서, 경전에 도둑질하지 말라고 쓰여 있기 때문에 나쁜 것입니다. 절도 자체가 본성상 나쁘거나 결과적으로 사회 전체에 해가 되기 때문에 나쁜 게 아닙니다. 신이 나쁘다고 결정했기 때문에 나쁜 것입니다. 그것으로 끝입니다. 그런데 이런 이유를 받아들여야 할 필요가 있을까요? 있습니다. 종교는 믿음의 문제니까요. 믿는다면 체계 전체를 받아들여야 하기 때문입니다. 물론 믿지 않는다면 사정은 달라지겠지요. 이슬람의 경우, 신은 오로지 알라뿐이고 무함마드는 알라가 보낸 사람이라는 전제를 받아들이면 신의 결정은 항상 옳기 때문에 신이 나쁘다고 한 것은 나쁩니다. 다른 설명은 필요치 않습니다. 그것으로 끝입니다. 종교가 얼마나 체계적으로 인간의 행위를 규정하는지 이슬람을 통해 한번 살펴볼까요? 이슬람은 세계 4대 종교의 하나인데 기독교나 불교에 비해 아직 알려지지 않은 점이 많지요. 그러니 이슬람을 예로 들어 보겠습니다.

이슬람에는 6신 5행이라는 것이 있습니다. 여섯 가지를 반드시 믿고 다섯 가지를 반드시 실천해야 한다는 것입니다. 믿어야 할 여섯 가지는 알라, 천사, 경전, 예언자, 최후 심판, 그리고 정명(定命)입니다. 여기에서 정명이란 숙명 같은 것을 말합니다. 우주의 모든 것은 신의 뜻대로 정해져 있기 때문에 인간의 의지와 무관하게 진행된다는 것입니다. 이런 것을 믿어야 한다는 것이죠. 해야 할 다섯 가지는 신앙 증언, 예배, 종교 부금, 금식, 그리고 성지 순례입니다. 한번쯤은 들어 본 것이지요? 그런데 이슬람은 이 6신 5행을 기본으로 하여 좀 더 구체적인 행위 지침을 제시합니다. 6신 5행은 토대인 셈입니다. 그런데 여기서 5행보다도 6신이 근본적인 토대가 됩니다. 종교란 믿음을 제일로 여기니까요. 무슬림의 경우 알라를 믿지 않는다면 5행도 법체계인 샤리아도 성립하지 않겠지요. 하지만 알라를 믿고 천사, 경전, 예언자, 최후 심판 그리고 정명을 받아들인다면 당연히 5행을 행해야 합니다. 믿음으로 시작하여 행위의 구체적 지침까지 매우 체계적으로 제시되어 있다는 걸 알 수 있지요. 종교에서는 행위만 독립적으로 제시되는 경우는 없습니다. 하나의 체계 속에서 행위의 지침이 나오니까요. 이것이 철학과 다른 점입니다. 철학도 앞서 말한 바와 같이 하나의 체계이지만 이는 세계를 이해하기 위한 체계일 뿐, 이해를 바탕으로 행위를 끌어내기는 힘듭니다. 세계가 그렇다는 것이지, 그러니 이러저러하게 해야만 한다고 주장하지는 않습니다. 이런 점에서 종교는 일단 우리의 행위에 직접적인 영향을 끼친다고 해야겠지요.

사실 이런 점은 기독교도 마찬가지입니다. 십계명이 가장 대표적인 지침이겠지요. 물론 불교에도 많은 계율이 있습니다. 여러분이 불교도가 아니더라도 불교가 살생을 금한다는 것은 다들 알고 있을 겁니다. 힌두교는 소를 숭배하지요. 이와 같이 모든 종교는 구체적인 행위 지침을 갖고 있습니다.

동물의 왕국에는 지침이 없다

저는 평소에 다큐멘터리 「동물의 왕국」을 즐겨 봅니다. 특히 아프리카 초원이 나올 때는 정말 흥미진진합니다. 새가 나오면 흥미가 좀 떨어지지만 사자나 하이에나가 나오면 무척 재밌습니다. 저는 하이에나에 관심이 많습니다. 하이에나에 대해 다들 부정적 이미지를 갖고 있는 것이 보통인데요, 남이 사냥해 놓은 것을 훔쳐 먹는다든가 폭력적이고 야비하다는 이미지가 있잖습니까? 그런데 「동물의 왕국」을 보면 그렇지도 않습니다. 하이에나도 사냥을 합니다. 그리고 남이 사냥해 놓은 것을 빼앗아 먹는 것은 사자도 마찬가지입니다. 양쪽 다 하는데 어느 쪽이 더 힘이 세냐에 따라 평가가 달라지는 겁니다. 사자와 하이에나는 별로 다르지 않습니다. 조직력과 협동심 면에서는 오히려 사자보다 하이에나가 낫습니다. 다큐멘터리를 보면 우리의 편견이 교정됩니다. 그런데 이런 연구 결과가 우리의 행위에 참고가 될까요? 생태계의 연구는 기본적으로 인간 사회에 교훈을 주는 것과는 거리가 있습니다. 이런 연구는 참고가 되지 않을 겁니다. 유인원의 한 종류인 보노보처럼 평화를 지향하는 예외적 사례가 있긴 하지만, 대체로 약육강식이 자연의 법칙이니까요. 인간이 약육강식의 법칙을 따르면 큰일 나겠지요. 「동물의 왕국」은 사실을 드러낼 뿐입니다. 「동물의 왕국」을 보고 거짓말을 해서는 안 된다는 지침을 얻을 수는 없겠지요. 자연에서는 상대를 속이는 것이 생존을 위한 태도니까요.

과학은 사실을 드러내 보일 뿐

그럼 물리학은 어떨까요? 지동설이 과학 지식으로 인정받게 되었을 때 사람들이 받은 충격은 엄청났습니다. 우주가 지구를 중심으로 돌지 않는다는 것은 지구가 세상의 중심이 아니라는 뜻이니까요. 인간이 우주의 한 부분에 불과하다는 것을 알게 되었으니 인간 중심주의는 타격을 받았겠지요. 하지만 그렇다고 해서 거짓말을 하면 안 된다, 남의 물건을 훔치면 안 된다는 가르침까지 자연 과학의 영향을 받은 것은 아니었습니다. 오랫동안 인간을 지배해 온 행동 지침인 도덕은 사회의 산물이기 때문입니다. 물론 사회는 자연 과학적 지식에 영향을 받습니다. 비가 오지 않는 것은 왕의 부덕 탓이 아니라 기후 현상일 뿐이고, 페스트는 인간의 타락으로 인해 창궐하는 것이 아니라 그저 균이 침투하여 생기는 전염병일 뿐이지요. 자연 과학 시대와 그 이전 시대의 도덕은 서로 다를 수밖에 없습니다. 따라서 페스트의 창궐을 빌미로 인간의 도덕성 회복을 외치는 것은 이상하다고 할 수 있습니다. 자연 과학이 종교처럼 직접적으로 사람들의 행동 지침이 되는 것은 아닙니다. 간접적으로 그리고 은근하게 영향을 준다고 해야 할 것입니다.

사회가 변하면 사람들의 행동 방식도 바뀝니다. 농경 시대와 현대의 생활 방식이 유사하다고는 말할 수 없을 겁니다. 그렇다면 아무리 종교가 인간의 행위에 대한 지침을 내리더라도 시대가 바뀌면 그 내용도 변할 수밖에 없지 않을까요? 그럴 가능성이 크겠지요. 하지만 이런 변화나 논란에도 불구하고 종교가 인간 행위에 직접적으로 개입한다는 속성은 변하지 않습니다. 종교는 인간의 행위를 통해 신성을 강화하려 하니까요. 철학은 인간의 이성으로 세계를 이해하려 하는 것이지 행위를 통해 이해를 높이겠다는 의도를 품지는 않습니다. 과학은 기술과 결합하여 앞으로 점점 더 인간의 행위를 제약하거나 넓히거나 아니면 지도할 것으로 보입니다. 아마도 인간 행위에 끼치는 영향은 종교와 대등해지지 않을까요.

그러면 철학은 어떨까요? 종교나 과학에 비해 전문 철학은 손을 놓고 있는 것만 같습니다. 여기서 전문 철학이라고 하는 것은 철학 교수가 하는 철학을 말합니다. 뒤에 나오겠지만 경험적 철학이나 보통 사람들의 철학은 그렇지 않습니다. 자기만의 철학은 어떻게 하느냐에 따라 전문 철학일 수도 있고 그렇지 않을 수도 있겠습니다. 그럼 일단 철학의 고유함에 대해 더 알아보지요.

3 철학은 스스로 의미를 부여한다

저는 고등학교에 들어가서 공부는 별로 하지 않고 "왜 사는가?"라는 질문에 매달린 적이 있습니다. 여러분도 그런가요? 아마 대부분의 사람이 사춘기 때 잠깐이라도 왜 사는지에 대해 생각해 본 적이 있지 않을까요. 저는 주위 사람들에게 물어보았습니다. 왜 사느냐고.

부모님께 친척들에게 그리고 선생님께 여쭈어 보았으나 답은 한결같았습니다. 살아 보면 안다고. 그러니 그런 쓸데없는 일에 신경 쓰지 말고 공부나 열심히 하라고. 그리고 어떻게 하면 인생에서 성공할 수 있는지를 설명하면서, 공부 열심히 해서 일류 대학에 가는 것이 성공의 지름길이라고 했습니다. 저는 생각했습니다. 성공하면 뭐하나, 성공하면 왜 사는지에 대한 답도 알게 될까……. 꼬리를 무는 의문을 풀기 위해 저는 책을 읽기 시작했습니다. 소설도 읽고 철학책도 보고 닥치는 대로 읽었습니다. 하지만 왜 사는지에 대해서는 책마다 너무나 견해가 달라서 저는 혼란에 빠지고 말았습니다. 다 그럴듯했거든요. 종교책도 읽었습니다. 성경도 접하고 불경도 알게 되었습니다. 그런데 저에게는 맞지 않았는지 별로 심취하지 못했습니다. 그리고 그때는 인생의 의미에 대해 종교가 어떤 답을 주는지도 몰랐습니다. 이제는 조금 알 것 같습니다. 종교는 왜 사는지에 대해 확고하고 분명한 답을 줍니다. 반면에 철학은 어떤 의미든 스스로 찾아야 한다는 점이 다릅니다. 인생의 의미도 예외가 아닙니다. 과연 인생에 의미가 있는지조차 물음의 대상이 됩니다. 종교는 인생의 의미를 일일이 다 알려 주지만, 철학처럼 스스로 탐구하라고 하지는 않습니다.

신의 도움은 받지 않겠다!

바벨탑의 비유가 적절할 것 같군요. 바벨탑은 하늘에 닿으려고 인간이 쌓은 높은 탑인데요, 신에 대한 도전으로 간주되어 무너졌지요. 바벨탑을 쌓으려는 노력이 철학자의 노력과 비슷하다고 할 수 있습니다. 신의 도움 없이 스스로 의미를 찾기 때문입니다. 이에 비해 종교는 인생의 의미를 신이 부여합니다. 기독교에서는 신의 영광을 드러내기 위해서 사는 것이라고 하지요. 불교는 고통과 번뇌에서 벗어나 해탈하기 위해 사는 것이 우리의 삶이라고 말합니다. 역시 인생의 의미를 알려 줍니다. 우리가 하나씩 스스로 알아 가는 것이 아니라 신이 그렇게 말했다고 경전에 쓰여 있는 것이지요. 이슬람의 경우는 조금 독특합니다. 이슬람은 종교를 계약으로 간주합니다. 인간이 신과 계약을 맺고 계약을 잘 이행하면 상을 받고 그렇지 않으면 대가를 치른다는 것이지요. 어쨌든 종교는 인생의 의미를 처음부터 부여해 놓았습니다. 인간은 그것을 받아들일지 거부할지 선택할 뿐이지요. 기독교를 믿지 않는다면 기독교에서 말하는 인생의 의미는 남의 이야기가 되겠고, 이슬람을 믿지 않는다면 알라와 계약을 맺지 않으니 어떤 것도 성립하지 않겠지요. 이렇게 생각하면 간단한 것 같은데 현실은 그렇지도 않습니다.

앞서 말한 대로 왜 사느냐고 물으면, 보통 어떻게 살면 성공한다거나 행복해진다는 답이 돌아옵니다. 그래서 당장 눈앞에 보이는 입시라든가 취직이라든가 승진 따위를 위해 열심히 노력하는 것이지요. 그런데 은퇴할 때쯤이 되거나, 그렇게 오랜 뒤가 아니더라도 일이 뜻대로 되지 않아 좌절을 겪으면 왜 사는지에 대해 다시 묻게 됩니다. 이럴 때 "어떻게 하면 된다."는 것은 답이 되지 않습니다. '어떻게'에 대한 답이 아무리 쌓여도 '왜'에 대한 답이 되지는 않는 것이죠. 공부를 아무리 열심히 해도 왜 공부를 해야 하는지를 알 수 없는 것과 똑같습니다. 왜 사는지를 절실히 알고 싶어도 답은 준비되어 있지 않습니다. 어른들의 말과 달리 아무리 오래 살아 보아도 왜 사는지를 알 수는 없습니다. 이때부터 철학을 공부할 수도 있겠지만 길지 않은 인간의 수명을 고려할 때 늦은 감이 없지 않습니다. 게다가 철학을 들여다보아도 바로 알 수가 없습니다. 너무 어렵고 거창하여 인생의 냄새를 맡기 어렵거든요. 바로 이 때 조금만 눈을 돌리면 준비된 답이 기다리고 있습니다. 다름 아닌 종교입니다. 종교는 묻자마자 바로바로 답해 줍니다. 왜 사는지, 어떻게 살아야 하는지, 그리고 죽어서는 어떻게 되는지도 말해 줍니다. 받아들이면, 즉 믿으면 즉시 답이 떨어집니다.

인생의 의미, 스스로 찾아내자

하지만 저는 이 해답에 뭔가 아쉬움을 느꼈습니다. 사람이 스스로 노력해서 인생의 의미든 세상의 의미든 찾아야 하는 게 아닌가, 이미 주어진 것을 받아들이기만 하다니 뭔가 자존심이 상한다, 이런 느낌이 있었습니다. 스스로 찾아낸 것이 결국 주어진 답과 일치하는 것으로 밝혀지더라도, 역시 자신의 힘으로 삶의 문제를 풀어 나가야 한다는 생각이 들었습니다. 그런데 당시 철학은 어린 저에게 너무 어려웠습니다.

세월이 많이 흘러 이제 50대 중반이 되면서 제 주변에도 변화가 감지되기 시작했습니다. 종교를 믿는 친구들이 많아진 것입니다. 인생의 의미를 찾은 것이지요. 이해가 됩니다. 이런 현상을 지금은 흔히 볼 수 있습니다. 하지단 인류의 역사에서 개인이 자신의 종교를 직접 선택하게 된 것은 그리 오래된 일이 아닙니다. 근대에 와서 시작되었다고 봐야 할 겁니다. 개인이란 개념 자체도 근대에 태어난 것이지요. 만약 이것이 사실이라면 근대 이전에는 개인이 없었나요? 이상한 말이지만 그렇다고 할 수 있습니다.

개인의 탄생

지금 우리가 사용하는 의미의 개인은 사실 역사가 매우 짧습니다. 그 전에는 어떤 상황이었을까요? 거의 모든 지역에서 개인은 부족이나 씨족 혹은 가문의 일원으로서의 의미가 더 컸습니다. 한국도 마찬가지였지요. 몇십 년 전만 해도 누구 하면 어느 집의 몇째라는 식으로 말하는 것이 보통이었습니다. 조선 시대에는 훨씬 심했겠지요. 계급 구분이 있었기에 태어나면서부터 택할 수 있는 직업이 한정되어 있었고 어느 집안의 몇 대손 누구라는 것이 개인보다 우선했습니다. 종교 또한 선택의 여지가 거의 없었지요. 조선 시대에 태어났다면 주자학을, 고려 시대에 태어났다면 불교를 받아들였을 겁니다. 그랬다면 주자학이나 불교에서 정해 놓은 인생의 의미를 따르는 것이 자연스러웠겠지요. 지금처럼 개인이 직업과 종교를 알아서 자유롭게 선택하거나 인생의 의미를 스스로 찾아가지는 않았을 겁니다. 이런 사정은 다른 지역도 비슷했다고 합니다. 아라비아에서는 먼 옛날부터 부족이라는 것이 사회 구성이라기보다 인간 존재 자체의 기초였다고 하지요. 신앙이든 윤리든 모두 피의 연대감을 기초로 성립하고, 그것에 의해 결정되었다고 합니다. 자신의 부족이 예부터 좋다고 여겨 온 것이 선, 나쁘다고 여겨 온 것이 악이고, 그 외에 선악의 기준은 전혀 없었다는데요, 이런 상황이라면 개인이 정하는 선악의 기준이 성립될 여지가 별로 없었겠지요. 모든 것은 부족의 전통에 의해 결정되니까요. 조선의 왕도 마찬가지 아니었을까요. 조선 왕의 삶은 왕실과 나라를 보존하고 백성을 편안하게 하는 것이었습니다. 그것은 왕 개인이 선택할 수 있는 영역도, 탐구의 대상도 아니었지요. 이미 그렇게 왕조가 세워졌기에 따라야 했던 것입니다. 물론 그 기준은 주자학이었습니다.

개인의 탄생의 증거 중 하나가 성과 이름입니다. 일본도 메이지 유신 전에는 성과 이름을 모두 가진 사람이 많지 않았습니다. 메이지 유신으로 인해 성과 이름이 보통 백성에게도 부여된 것이지요. 즉 개인이 탄생하게 된 것입니다. 한국도 사정은 별로 다르지 않습니다. 어쨌든 개인의 탄생은 근대 이후의 일이고 그 전에는 인생의 의미 탐구가 종교의 지배 아래에 있었다고 할 수 있습니다. 철학이 종교의 하위 개념이었던 것이지요.

"철학이 종교의 시녀였다."는 말을 들어 본 적이 있을 겁니다. 서양 중세의 이야기라고 하는데요. 그런데 근대 이후에도 종교는 여전히 많은 사람에게 인생의 의미를 제공해 왔습니다. 중세는 시대의 분위기가 그렇게 만들었다 해도 근대 이후 지금까지 그렇다는 것은 종교가 철학과는 별개의 역할이나 장점을 갖고 있다는 뜻으로 해석됩니다. 실존주의를 통해 인생의 의미를 찾기란 참으로 어렵습니다. 실존과 본질의 관계에 대해 성찰하여 인생의 의미에까지 나아갈 수 있는 사람이 얼마나 되겠습니까. 보통 사람에게는 주어진 의미가 더 편하고 믿음직하겠지요. 그렇다면 기독교 이전의 철학은 의미 부여에 충실하지 않았을까요? 플라톤, 아리스토텔레스를 대표로 하는 그리스 철학은 그런 역할을 충실히 했다고 볼 수 있습니다. 고대 그리스에서는 기독교와 같은 강력한 유일신이 존재하지 않았기 때문에 철학자들은 자유롭게 세계와 인간에 대해 탐구했습니다. 따라서 세계와 인생에 대한 의미 부여도 활발하게 이루어졌습니다. 다양하고도 활기찬 견해가 쏟아져 나왔지요. 이런 맥락에서 르네상스 시기에 고전으로 돌아가자는 주장이 나온 것은 자연스러웠다고 할 수 있을 겁니다. 문제는 철학자 개인의 견해에 불과한 주장은 대중의 마음을 굴복시킬 권위를 갖추고 있지 못하다는 것입니다. 메를로퐁티가 프랑스에서 아무리 유명한 철학자라 해도 그의 책을 읽고 인생의 의미를 깨닫기는 힘들지 않을까요.

철학자들은 모두 자신의 관심사에서 시작하여 하나의 체계를 제시했습니다. 대단한 업적이지요. 하지만 거기에서 인생의 의미를 발견하기는 쉽지 않습니다. 특히 훈련받지 않은 사람이 하기에는 너무 어렵지요. 이 점이 철학의 한계입니다. 하지만 좌절하기엔 아직 이릅니다. 4장에서 이야기할 자기만의 철학으로 인생의 의미를 찾을 수 있습니다. 전문 철학자만 철학을 할 수 있는 것은 아닙니다. 누구나 자기만의 철학을 구축할 수 있습니다.

4 종교에는 기적, 철학에는 논리

철학은 구체적인 행동 지침을 알려 주지 않는다고 앞서 말했지요? 이것이 약점으로 보일 수도 있지만, 알고 보면 그렇지도 않습니다. 철학은 기본 원칙과 빼놓아서는 안 되는 것들을 생각하게 함으로써 우리 사고를 풍요롭게 합니다. 동시에 이런 과정을 통해 스스로 문제를 해결해 나가는 태도를 배우게 됩니다.

잠깐 주성치 영화 얘기를 해 볼까요? 저는 주성치 영화의 굉장한 팬입니다. 「쿵푸 허슬」이나 「소림축구」 「서유기」 등을 특히 좋아합니다. 주성치 영화의 중심에는 언제나 쿵푸가 있습니다. 쿵푸를 중심으로 축구도 하고 모험도 하며 코미디도 펼쳐집니다. 그런데 「쿵푸 허슬」은 과장이 정말 심합니다. 여래신장이라는 무공이 나오는데, 하늘에서 어마어마한 크기의 부처님 손바닥이 나타나 내리치는 것입니다. 물론 위력도 가공할 만해서 지축이 흔들릴 정도입니다. 영화라고 생각하고 보니까 재미있습니다. 하지만 정말로 여래신장이 가능한가, 그것이 사실이라고 믿는가? 하고 묻는다면 누구나 아니라고 답하겠지요. 영화니까 가능한 것이라고요. 그렇다면 이런 이야기는 어떻습니까?

어떤 사람이 물 위를 걸었다고 합니다. 게다가 돌을 떡으로 만들었다고도 하며 죽은 자를 살리고 한마디 말로 절름발이를 걷게 했다고도 합니다. 더욱이 자신은 죽은 다음 며칠이 지나서 부활했다고 합니다. 이것이 영화라면 여러분도 믿지 않을 겁니다. 영화 속 이야기라고 넘기겠지요. 하지만 이것은 여러분도 잘 알다시피 성경 속의 예수 이야기입니다. 그렇다면 사정이 달라집니다. 성경을 믿는 사람은 이것을 기적이라고 말합니다. 믿지 않는 사람은 그저 "종교가 다 그렇지 뭐." 하고 말겠지요.

지금부터 이런 '기적'을 대하는 종교의 태도와, 그에 대조되는 철학의 자세에 대해 얘기해 볼까 합니다. 기적은 보통의 법칙을 깨뜨리는 것이기 때문에 초자연적인, 우월한 존재의 행동으로 여겨집니다. 기적을 행하는 존재가 있다면 마땅히 인간보다 우월한 존재이겠지요. 그렇게 되면 우월한 존재의 행동 하나하나는 본보기가 됩니다. 종교에서는 창시자가 중요합니다. 기독교에서는 예수의 행적이 매우 중요합니다. 예수가 행한 대로 행하고 예수가 생각한 대로 생각하는 것이 신도의 기본자세입니다. 하지만 철학은 다르지요. 스피노자의 범신론을 받아들인다 해도 스피노자처럼 안경알을 깎으면서 인생을 보낼 필요는 없습니다. 스피노자의 주장을 받아들이기만 하면 됩니다. 루이 알튀세르라는 현대 프랑스 철학자가 있습니다. 마르크스주의를 새롭게 해석해 이름이 높은 철학자인데 일생 동안 정신 분열증에

시달렸고 1980년에는 무의식 상태에서 아내를 목 졸라 숨지게 해 정신 병원에 유폐되기도 했습니다. 그렇다고 해서 알튀세르의 주장에 대한 평가가 달라지는 것은 아닙니다. 철학자는 자신의 삶이 아닌 자신의 주장으로 평가받습니다. 하지만 종교의 창시자는 주장뿐만 아니라 삶 자체가 온전한 본보기가 됩니다.

종교의 창시자는 삶 자체로 말한다

부처는 배탈로 이 세상을 마감했고, 예수는 십자가에 못 박혀 이 세상을 떠났습니다. 보통 창시자의 죽음은 신자들에게 강한 이미지를 남기고 큰 영향을 끼칩니다. 예수와 십자가는 고난을 극복하는 이미지를 줍니다. 가혹한 박해가 있어도 굴하지 않고 죽음을 두려워하지 않는 투쟁의 이미지가 바로 그것입니다. 그 죽음이 뜻하는 바가 무엇인지는 두고두고 재해석되며 그 의미는 나날이 되살아납니다. 이에 비해 부처에게는 투쟁의 이미지가 별로 없습니다. 부처의 일생은 지금도 많은 가르침을 주고 있지만 죽음만큼은 별다른 이미지를 주지 못하는 듯합니다. 이슬람의 창시자 무함마드는 어떤가요? 무함마드는 예수나 부처와는 다릅니다. 예수는 신의 아들을 자처했지만 무함마드는 자신은 평범한 인간이라고 했습니다. 부처는 신의 사도라고 말한 적이 전혀 없지만, 무함마드는 자기가 신의 계시를 전하는 일을 하고 있노라고 했습니다. 신의 사도라는 것이지요. 무함마드는 기적이 없이도 종교가 성립할 수 있다는 것을 보여 줍니다. 즉 우리는 흔히 신의 기적을 보고 사람들이 믿기 시작했다든가 아니면 신의 아들이 보여 준 이적을 보고 사람들이 따르기 시작했다고 생각하기 쉽지만, 이슬람은 그렇지 않은 경우도 있다는 것을 보여 줍니다.

서양에서는 기적을 어떻게 해석할 것인가를 놓고 오랜 세월 동안 논쟁했습니다. 철학자 흄도 이 논쟁에 참여한 적이 있습니다. 그만큼 종교는 기적을 빼고는 이야기할 수 없나 봅니다. 모세가 홍해를 갈랐다는 것에 대해 아직까지도 과학적인 해석을 시도하고 있고 부활을 어떻게 믿어야 할지에 대해서도 지금까지 논쟁 중입니다. 즉 종교와 기적은 꿰려야 뗄 수 없는 관계입니다. 불교의 고승들은 많은 이적을 행했습니다. 어느 종교나 창시자의 놀라운 일화는 빠지지 않습니다. 병 고침이나 예언 등도 곧잘 등장합니다. 이런 문제가 이슬람에서는 비교적 간단히 해결됩니다. 무함마드는 스스로 평범한 인간이라고 말했고 기적을 행한 적도 별로 없기 때문입니다. 그는 기적이 아니라 자신의 주장과 행동으로써 종교를 세웠습니다.

기적 없이 종교가 가능하다니, 신기하지요? 좀 빗나가는 것 같지만 좀 더 살펴볼까요? 기적 없이 이슬람을 창시한 무함마드는 자신 이전에 신이 보낸 사도들 도두가 "밥을 먹고 시장을 걸어 다녔다."고 말합니다. 이때 자신 이전의 사도에는 예수도 포함됩니다. 즉 예수도 밥을 먹고 시장을 걸어 다니던 인간이라는 것이지요. 무함마드는 이렇게 말합니다. "마리아의 아들 메시아도 단지 사도에 불과하다. 그 이전에도 사도는 몇 사람이나 세상에 나타났었다. 그의 어머니 또한 평범한, 매우 정직한 여자에 지나지 않았다. 어머니와 아들 모두 밥을 먹는 인간이었다." 이렇게 자신이 다른 사람과 똑같은 평범한 인간이라고 하며 예수도 마리아도 평범한 인간이라고 주장합니다. 그렇다면 무엇 때문에 무함마드는 권위를 가질 수 있는 걸까요? 그것은 알라가 무함마드를 택했기 때문입니다. 선택받았기 때문에 신의 말씀을 전할 뿐이라는 거지요. 신의 아들이라든가 하는 이야기는 없습니다. 이렇게 단순하니, 삼위일체와 같은 어려운 교리도 필요하지 않습니다. 유일신이 존재하고 인간은 유일신과 계약을 맺는 것이고, 무함마드는 신의 계시를 전할 뿐이니까요. 무함마드는 자신의 입장에 대해 이렇게 말합니다. "나는 특별히 나 자신이 신의 보물을 맡고 있다고 말할 생각은 없다. 나는 보이지 않는 세계에 대해서는 아무것도 모른다. 또한 나는 자신이 천사라고 말하지 않는다. 나는 그저 계시가 이끄는 대로 걷고 행할 뿐이다." 이건 매우 독특한 입장입니다. 특히 예수와는 뚜렷이 대조되는군요. 만약 무함마드가 평범한 인간이라면 그가 철학자와 구별되는 것은 신의 계시를 전하는 역할뿐입니다. 그런데 철학자는 신의 존재 자체에 대해 회의하고 논구합니다. 반면 무함마드는 자신 있게 신의 계시를 말합니다. 문제는 무함마드의 주장을 사람들이 받아들이느냐의 여부입니다. 신의 아들도 아니고 천사도 아닌 평범한 사람의 말을 신의 계시라고 받아들이는 문제는 역시 믿음의 영역이겠지요. 세계에 대한 이해의 문제, 철학의 문제는 아닌 것 같습니다.

앞서 종교는 창시자의 주장뿐 아니라 삶 자체도 본보기가 되는 점이 철학과 다르다고 했습니다. 무함마드의 경우도 예외가 아닙니다. 무함마드는 금욕주의자라 할 정도로 절제하는 사람이었고 근면하고 소박했다고 합니다. 자기 옷을 손수 꿰매 입었고 가구라야 나무 침대와 물동이 하나뿐이었답니다. 오막살이 흙집에 살면서 보통 사람과 다를 바 없이 먹고 입고 살았다고 합니다. 무함마드의 평소 언행을 기록한 『하디스』는 경전의 보충서 역할을 합니다. 이런 삶의 태도가 많은 사람에게 영향을 끼쳤겠지요. 그리고 무함마드는 자신의 노예를 비롯하여 많은 노예를 해방시켰습니다. 이런 행동은 자신의 주장을 뒷받침하는 것이어서 아마도 매우 큰 파장을 일으켰을 겁니다. 왜냐하면 무함마드는 7세기 사람인데 그 당시에 인간 평등을 주장하고 실제로 자신의 노예를 해방시켰다면 깊은 인상을 남겼을 테니까요. 무함마드는 별세하기 직전인 632년에 한 연설에서 "그대들의 조상은 하나이니, 실로 아랍은 비아랍에 우월치 않으며,

오로지 신에 대한 경외 외에는 황인종이 흑인종에 우월치 않
다.”고 말했습니다. 인간 평등 선언을 한 것이지요. 그런데 이런
연설 내용이 아무리 옳은 것이라 해도 자신이 먼저 노예를 해방
시키지 않았다면 위선이 되었겠지요. 종교 창시자의 삶은 이처
럼 그 종교와 분리하기 어렵습니다.

철학은 논리만으로 설득한다

이에 반해 철학자는 주장 자체가 주목의 대상입니다. 철학자 루
소는 『에밀』이라는 뛰어난 교육책을 썼지만 정작 자신의 아이
들은 고아원으로 보냈습니다. 하지만 그렇다고 『에밀』의 가치
가 떨어지는 것은 아니지요. 그는 종교가가 아니라 철학자이기
때문입니다. 철학자의 일화나 사생활을 소재로 한 철학책들이
종종 보이는데요, 철학 자체가 워낙 어렵기 때문에 철학자의 일
화로 독자에게 좀 더 쉽게 접근하려는 시도이겠지요. 하지만 재
밋거리로는 효과가 있을지 몰라도 철학 자체를 소개하는 것과
는 별 관련이 없어 보입니다. 종교는 창시자의 삶과 주장 전부
가 관심의 대상이 되는 데 반해 철학은 주장으로 말한다는 것을
다시 한 번 강조하는 것은, 제 생각에는 종교가 외견상으로는
우리 인생에 끼치는 영향이 더 크다고 생각하기 때문입니다.
즉 철학은 머리로 한다면, 종교는 머리와 가슴 그리고 일상생활

까지 다 바쳐서 합니다. 그렇다고 철학이 열세인 것은 아닙니다. 종교가 믿음의 힘에 의지한다면 철학은 생각의 힘에 의존하기 때문입니다. 믿음은 수용되면 즉각적이고 전면적인 변화를 일으킵니다. 이에 반해 철학은 서서히 형성되며 눈에 띄는 변화를 보이지도 않지만 일단 자신의 생각이 되면 역시 삶에 전면적인 변화를 가져옵니다. 철학의 힘이 여기 있습니다. 생각의 힘을 믿고 자신의 생각을 갖추는 것이 자기만의 철학으로 가는 길입니다.

지금까지 철학의 특징을 알아보기 위해 과학, 종교와 비교를 했습니다. 공통점과 차이점을 정리하고 왜 철학을 하는지를 다음 장에서 본격적으로 살펴보겠습니다. 철학, 과학, 종교 모두의 공통점은 체계적이라는 것입니다. 어느 것 하나 단편적이거나 파편적인 지식을 제공하지 않습니다. 하나의 체계를 갖춰 제시한다는 점에서 셋은 공통점이 있습니다. 철학과 과학의 또 다른 공통점은 모든 상식에 도전한다는 것, 세계와 인간에 대한 해석을 보여 준다는 것에 있습니다. 차이점은, 철학은 의미를 부여하지만 과학은 있는 그대로의 세계를 묘사한다는 것, 그리고 철학이 인간의 자유와 존엄성에 더 큰 가치를 부여하는 반면 과학은 세계에 대한 근본적인 원리를 발견하는 데 좀 더 관심이 있다는 것입니다. 그리고 과학의 지식이 보편적인 데 반해 철학이 내놓는 주장은 보편적이지 않다는 것입니다. 그런데 의미 부여라는 면에서는 종교와 철학이 공통점을 갖습니다. 종교는 처음에는 세상의 상식에 도전했지만 대체적으로 그 후에는 보수적이 됩니다. 그리고 철학과 과학이 회의를 바탕으로 세상의 상식에 도전한다면 종교는 회의보다는 믿음을 토대로 삼습니다. 그리고 종교는 철학, 과학과 달리 세계를 해석하는 데 그치지 않고 적극적으로 어떻게 행동하라고 말합니다. 이것이 아주 큰 차이점이 되겠지요. 그리고 종교는 철학과 달리 신 중심의 체계입니다. 인간의 자유나 존엄성이 존중되긴 하겠지만 궁극적일 수는 없겠지요. 또한 종교도 철학과 마찬가지로 과학만큼은 보편적이지 않습니다. 시대와 환경에 영향을 많이 받았다고 할 수 있습니다.

자, 그럼 철학을 구체적으로 어떻게 하면 좋을지에 관해 알아보도록 하지요. 물론 그다음엔 자기만의 철학을 하는 방법에 대해서도 알아보겠습니다.

3

철학의 세 단계

1 사람은 무릇 추상적 사고를 한다

철학은 사물의 의미를 추구합니다. 앞서 자신의 노력으로 스스로 의미를 찾아가는 것이 철학이라고 말했습니다. 그런데 의미를 추구하지 않고 그냥 살면 안 되나요? 이렇게 질문할 수도 있습니다. 하지만 이런 질문 자체가 이미 '의미'에 포함됩니다. 의미를 추구하지 않는 삶을 의도하는 것도 다른 형태의 의미 추구이기 때문입니다. 그럼 왜 사람은 의미 추구에서 벗어나지 못할까요? 저는 이것이 인간의 특성이라고 봅니다. 즉 인간은 다른 생명체에 비해 수준 높은 추상적 사고를 한다는 것이지요. 추상적 사고가 타고나는 것인지 아닌지는 잘 모르겠지만 인간의 특성임에는 틀림없습니다. 그런데 세상의 모든 것이 대개 그러하듯이 추상적 사고에도 단계가 있습니다. 저는 기하학의 단계에 맞춰 철학의 단계를 설명하려고 합니다. 잠재적 기하학, 경험적 기하학, 그리고 연역적 기하학이라는 단계에 각각 보통 사람의 철학, 경험적 철학 그리고 전문 철학이 대응한다고 보는 것이지요. 이런 철학의 세 단계가 모두 자기만의 철학에 속하고요. 이 얘기는 뒤에 더 자세히 하기로 하고, 우선 추상적 사고가 인간의 특성이라는 것부터 살펴봅시다.

동물을 다룬 프로그램은 늘 재밌습니다. 「TV 동물농장」도 신기하고 「내셔널 지오그래픽」도 흥미롭습니다. 어떤 프로그램을 봤더니 애완견이 집안 서열을 기가 막히게 잘 안다고 하는데요, 내용은 이런 거였습니다. 강아지를 앞에 놓고 아버지, 어머니, 아들, 딸 이렇게 온 가족이 일렬로 소파에 앉아 있습니다. 그럼 강아지는 누구에게 가서 재롱을 피울까요? 정답은 아버지입니다. 아버지가 자리를 뜹니다. 그럼 누구에게로 갈까요? 어머니입니다. 어머니도 자리를 뜹니다. 그러면 아들에게 갑니다. 그런데 아버지가 다시 돌아와 소파에 앉습니다. 강아지는 다시 얼른 아버지에게 갑니다. 이런 실험을 통해 강아지는 서열에 민감한 동물이라는 것을 알 수 있습니다. 또 다른 예도 있었습니다. 작은 강아지 한 마리가 살고 있었는데 비슷한 체구의 강아지가 새로 왔습니다. 그런데 굴러 온 돌 격인 강아지는 워낙 사나워서 원래 있던 강아지를 완전히 제압했습니다. '박힌 돌'이었던 강아지는 방구석에 피신해 있는 지경이 되고 말았지요. 눈치를 보며 하루 종일 숨죽이고 살게 된 겁니다. 이를 보다 못한 주인이 전문가를 불렀습니다. 전문가는 덩치가 큰 개를 한 마리 데리고 왔습니다. 이 큰 개를 보자 그때까지 대장이었던 굴러 온 돌 강아지는 바로 깨갱 하고 숨어 버렸습니다. 자신이 제압했던

박힌 돌 강아지와 같은 처지가 된 것입니다. 이렇게 강아지는 서열에 민감합니다. 이것이 개의 특성이겠지요. 원래부터 가지고 태어나는지 아니면 후천적으로 얻게 된 것인지는 몰라도, 개라면 다들 가지고 있으니 특성이라고 부를 수 있겠습니다.

생각하는 존재, 인간

사람의 특성은 무엇일까요? 사람도 강아지처럼 서열에 민감할지도 모릅니다. 강아지처럼 서열이 높은 상대에게 무턱대고 복종하는 모습만을 보이지는 않겠지만 세밀히 연구하면 결국 별로 다르지 않으리라 생각합니다. 서열에 민감하고, 그것을 이용할 겁니다. 인간의 특성이 무엇인지에 관해서는 근대 이후 다양한 견해가 쏟아져 나왔습니다. 호모 사피엔스라는 말은 여타 생물과 구별되는 인간의 특징을 이성적 사고에서 찾는 견해입니다. 어렸을 때부터 많이 듣던 말이지요? 그런데 그 이후 인간을 인간이게끔 하는 특징을 놀이에서 찾는 견해도 나왔고 도구 사용에서 찾는 경우도 있었으며 언어 사용에서 찾으려는 시도도 있었습니다. 이런 주장들 때문에 인간이 이성적 동물이라는 특징은 빛이 바래기도 했습니다. 그런데 오랑우탄이나 침팬지 등을 계속 연구하다 보니, 놀이나 도구 사용 그리고 언어 사용이 인간에게만 해당되는 특징이 아니라는 것이 밝혀졌습니다. 따라서 인간의 특징을 다시 생각해 보게 됩니다. 저는 물론 이런 문제를 다루는 전문가는 아닙니다. 하지만 인간의 가장 중요한 특성은 사고 능력, 특히 추상적 사고를 하는 능력에 있다고 여겨집니다. 물론 다른 동물도 사고를 합니다. 어떤 사고도 하지 않는다면 생존이 불가능할 겁니다. 그렇지만 인간처럼 추상적 사고를 하는지는 미심쩍습니다. 영장류가 거짓말을 하거나 집단 음모를 꾸미거나 하는 모습은 인간과 매우 흡사합니다. 그렇다면 어느 정도는 사고를 한다고 봐야겠지요. 추상적 사고를 한다고 보아야 할지도 모릅니다. 하지만 인간만큼 고도의 추상적 사고는 하지 않습니다. 간단한 셈을 하는 오랑우탄이나 침팬지는 있겠지만 미적분을 푸는 영장류는 없을 겁니다. 소리를 내서 의사소통하는 동물은 수없이 많겠지만 국어 시험을 치르면서 언어를 정교하게 가다듬는 동물은 없을 겁니다. 저는 여전히 이성적 사고, 특히 추상적 사고가 인간의 가장 두드러진 특성이라고 생각합니다.

추상적 사고가 인간의 특성이라면, 이 말은 노력하지 않아도 무릇 사람이라면 누구나 추상적 사고를 한다는 것일까요? 네, 그렇습니다. 사람이라면 누구나 추상적 사고를 합니다. 예를 들어 보겠습니다. '8'을 둘로 나누면 무엇이 될까요? 가로로 나누면 'ㅇ'이 되고 세로로 나누면 '3'이 될까요? 이렇게 나누는 사람은 별로 없겠지요. 보통은 '4'라고 대답합니다. 그런데 여기서 말하는 '8'은 무엇일까요? 사과가 여덟 개 있다고 했을 때의 사과 8개만을 가리키는 것은 아닙니다. 세계 속에 있는 무엇과 대응하는 것이 아니라는 겁니다. 이때의 '8'은 수의 체계 속의 하나입니다. 이 '8'을 이해하기 위해서는 사과 여덟 개만이 아니라 수의 체계 전반을 알아야 합니다. 그러한 체계가 있어야 8을 둘로 나눌 때 4가 되겠지요. 따라서 여기에 등장하는 8, 4, 그리고 '나누기'라는 연산, 이 모두가 추상의 산물입니다. 찰떡 한 덩이와 또 다른 찰떡 한 덩이를 합하면 더 큰 한 덩이가 되는 것이 현실입니다. 그럴 땐 '1+1=2'가 성립되지 않지요. 하지만 그렇다고 해서 '1+1=2'라는 명제가 틀린 것은 아니지요? 이것은 추상적 체계니까요. 수가 추상적 체계라는 것은 '0'을 통해서도 알 수 있습니다. '0'은 아무것도 없다는 뜻입니다. 그런데 세계에 '아무것도 없는 것'이 존재합니까?

탁자 위에 사과가 두 개, 배가 세 개 있다, 그뿐입니다. 바나나가 0개 있다는 것은 우리 머릿속에서 그려 낸 것이지 세계의 모습은 아닙니다. 어려운 말로 하자면, 이 세상은 존재로 가득 차 있습니다. 존재하는 것뿐이라는 이야기입니다. '0'이라는 개념은 수의 체계 내에서만 의미가 있습니다. '5-5=0' 같은 경우에 필요하다는 것이지요. 얼핏 생각하면 '0'은 어느 곳에나 있었을 것 같습니다. 그러나 그렇지 않습니다. '0'이란 수는 인도인의 창작물입니다. '0'의 발견 이후 수학은 놀라운 발전을 하게 되었습니다. '0'은 오늘날 우리에게는 일상적인 대상입니다. 아무런 어려움 없이 사용하고 그것에 대해 골똘히 생각해 보지도 않습니다. 하지만 이것은 인간이 얼마나 자연스럽게 추상적 사고를 하는 동물인가를 보여 주는 증거입니다.

추상적 사고에도 단계가 있다

추상적 사고 중에서 수준이 가장 높은 것은 아마도 수학과 철학일 겁니다. 단지 셈을 하는 것과 수학은 다르다는 점을 유의하시기 바랍니다. 셈을 하는 것도 물론 추상적 사고를 동반하지만 수준 차가 확연합니다. 미적분과 덧셈이 같은 수준이라고 말할 수는 없을 겁니다. 하지만 좀 더 차원을 높이면 미적분도 단순한 셈본처럼 취급될 수 있습니다. 수학이 그만큼 추상적이라는 것이지요. 마찬가지로 철학도 매우 추상적입니다. 그럼 추상적 사고가 인간의 특징이라는 것과 철학이 고도의 추상적 작업이라는 것 사이에는 무엇이 있을지 생각해 봅시다. 다시 말해서, 누구나 추상적 사고를 하는데 철학은 도대체 어떤 단계이고 어떤 특성이 있기에 소수의 사람만이 하느냐 하는 것입니다. 어떤 단계가 자리하고 있지 않을까요? 낮은 수준에서 높은 수준으로 나아가는 단계들이 있다고 생각합니다. 그 단계는 기하학의 단계와 비슷한 것 같습니다. 기하학의 발전 단계를 따라가면서 철학의 단계를 말해 보겠습니다.

　왜 하필 기하학이냐고 물을 수 있을 텐데요, 기하학이 서양 철학에서 본보기가 되어 왔기 때문입니다. 많은 철학자들이 기하학 방식을 모델로 삼았습니다. 의심할 수 없는 전제나 누구나 수긍할 수 있는 전제에서 출발하여 연역적 방식으로 놀라운 결론을 도출하는 것이 기하학의 방식인데, 그것이 철학자들을 사로잡았던 것이지요. 학교에서 피타고라스의 정리를 증명하는 방법을 배웠던 기억이 납니다. 처음에 공리라는 것을 배우지요. 두 점 사이의 최단 거리는 직선이다, 점은 공간을 차지하지는 않지만 위치는 있다 등이 공리지요. 단순하고 누구나 받아들일 수 있는 것에서 시작하여 피타고라스의 정리를 증명합니다. 철학자들이 기하학에 매료되었던 것은 그것이 연역적 방식을 택하기 때문입니다. 이성만을 사용하여 작업하거든요. 세계를 경험으로써 설명하려는 시도는 한계가 있을 수밖에 없습니다. 아무리 다양하고 많은 경험을 한다고 해도 세계 전체를 드러낼 수는 없기 때문입니다. 우리가 아무리 집에 오래 살아도 집의 구조를 나타내는 도면을 모른다면 집에 대해 정확히 알고 있다고 장담할 수는 없겠지요. 도면 없이 집을 짓는 경우도 있을 텐데, 이렇게 경험으로 짓게 되면 높고 견고하게 짓기 어렵습니다. 물론 도면이 없던 중세에도 놀라운 건축물은 지어졌습니다. 하지만 이때도 기하학을 이용했습니다. 피라미드도 중세 사원도 모두 기하학을 활용해 건축된 것입니다. 단지 도면이 없었을 뿐이지요. 도면을 알아야 집을 제대로 이해했다고 할 수 있겠지만, 집에 대한 경험을 무시해도 좋다는 것은 아닙니다. 이제 우리도 철학을 제대로 이해하기 위해 기하학의 방식을 사용해 보기로 합시다.

2 기하학 연계로 철학을 설명해 보자

초등학교에 들어가서 제가 놀랐던 것 중 하나는 '원'이라든가 '삼각형'이라는 게 있다는 것이었습니다. 자를 이용해서 삼각형을 직접 그려 보거나 캠퍼스를 사용해 원을 만들었습니다. 지금도 캠퍼스의 뾰족한 끝이 생각나는군요. 찔리면 아플 것 같아서 조심했던 기억이 납니다. 그리고 모눈종이도요. 모눈의 개수를 세어서 면적을 적었습니다. 그런데 이런 것들이 제게 충격을 준 이유는, 어렴풋하게만 생각했던 것들이 명확해졌기 때문입니다. 그 전까지는 어렴풋하게 수박, 사과, 배가 모양이 비슷하다고 여겼던 것 같습니다. 원, 사각형, 원뿔이라는 이름은 몰랐지만 어쨌든 무엇인가 있다는 느낌은 있었어요. 세상 사람들은 이미 알고 있는데 나는 분명하게 알지 못하는 어린아이 처지였던 겁니다. 바로 이런 단계를 기하학에서는 '잠재적 기하학'이라고 부릅니다.

잠재적, 실험적, 연역적 기하학

『수학의 위대한 순간들』이라는 책이 있는데요, 이 책에 보면 기하학의 단계를 셋으로 나눕니다. 첫 번째가 잠재적 기하학으로, 기하학에 대해 모호하게 알고 있는 단계를 말합니다. 오늘날의 어린이가 이 단계에 있고 원시인의 소박한 예술 작품도 이 단계에 있습니다. 두 번째는 과학적 또는 실험적 기하학인데, 실제로 해 본 것을 바탕으로 정리한 기하학을 말합니다. 가령 원주율 π의 값을 구하는 경우인데, 점토판을 이용해 아주 오래전에 3.125까지 구한 것을 볼 수 있습니다. 이것은 기원전 1,900년에서 1,600년 사이의 일인데 바빌론에서 200마일 떨어진 지역에서 증거가 발견되었습니다. 중국에서도 고대에 원주율을 3으로 계산한 흔적이 발견됩니다. 이런 작업들은 경험을 바탕으로 귀납적으로 진행되었습니다. 세 번째는 연역적 기하학으로, 이 단계에 이르면 모든 수학적 결과가 실험실에서 연구실로 이동하게 됩니다. 즉 더 이상 점토판이나 모눈종이에 계산을 하지 않고도 연역적으로 결과를 도출할 수 있게 되는 것입니다. 경험이 아닌 논리적 증명에 의한 기하학은 기원전 6세기경 그리스에서 탄생했습니다.

철학도 이런 기하학의 발전 단계와 비슷하게 설명할 수 있습니다. 앞서 추상적 사고가 인간의 특성이라고 했는데, 추상적 사고가 점차 발전했음을 잘 보여 주는 사례가 바로 기하학입니다. 생활의 필요 때문에 시작되었지만 점점 고도화되면서 인간 사유의 훌륭한 모델이 된 것이지요. 철학도 고도의 추상적 사고를 하는 작업이기에 기하학의 발전 단계에 기대지 않을 수 없었습니다. 그러니 결국 유클리드 기하학이 철학적 사고에 지대한 영향을 끼친 겁니다. 따라서 기하학의 발전 단계에 빗대어 철학의 단계를 설명하는 것도 실용적인 접근입니다. 기하학이든 철학이든 모두 생활에서 비롯되었기 때문입니다. 철학과 기하학이 어떤 면에서 비슷한지를 알기 위해 먼저 경험적 철학부터 살펴보겠습니다. 그러고 나서 보통 사람의 철학이라 할 잠재적 철학, 전문 철학 순으로 살펴보고자 합니다. 이렇게 하면 철학이 생활과 밀접하다는 것이 조금 더 실감 날 것입니다.

³ 경험적 철학자의 경지

일본에 히메지라는 곳이 있습니다. 히메지 성을 보기 위해 교토에서 신칸센을 타고 갔는데 그리 멀지는 않았습니다. 히메지 성은 일본에서 가장 원형이 잘 보존된 성으로, 세계 문화 유산이라고 하더군요. 규모와 구조, 분위기가 모두 좋았습니다. 그런데 이 성의 뒤편에는 조그만 히메지 문학관이 있습니다. 그 문학관은 세계적으로 유명한 안도 다다오라는 건축가가 지었습니다. 안도 다다오의 작품은 오사카나 교토에 꽤 많이 있습니다. 히메지 문학관은 "콘크리트와 기하학으로 일본 정신을 나타냈다."는 말이 있을 정도인데, 그 말이 틀리지 않다고 생각될 만큼 훌륭했습니다.

비 오면 우산을 써야 하는 집이라니?

그가 지은 여러 건물을 둘러보면서 안도 다다오에 대해 관심이 생겼습니다. 그가 지은 '스미요시 나가야'라는 오사카의 2층짜리 주택은 비가 오는 날이면 2층 방을 오갈 때 우산을 써야 한다고 합니다. 도대체 어떤 생각으로 이런 집을 지은 걸까요? 아무래도 자기만의 철학이 있어야 가능한 것 아닐까요. 안도 다다오를 좀 더 들여다보겠습니다.

고등학교 때 프로 권투 선수로 데뷔했던 안도 다다오는 평범한 성적을 남기고 권투를 그만둡니다. 자신이 권투에 재능이 없다는 것을 알게 되었기 때문입니다. 그렇다고 공부를 잘했던 것도 아니었습니다. 대학에 가지도 않았습니다. 즉 대학에서 건축을 배운 적이 없는 것이지요. 그는 고학으로 건축을 공부했습니다. 일본 전역을 일주하고 칠 개월 동안 세계를 돌아다니며 자신이 원하는 건축에 대해 배웠습니다. 그는 이 점을 돌이켜 보며 '세계'를 직접 체험한 것이 좋았다고 말합니다. 이런 체험을 통해 그는 건축이라는 직업을 가지고 사회의 불합리에 저항해 나가는 그 나름의 투쟁을 시작했다고 합니다. 그 작업은 매우 치열했습니다. 그는 '스미요시 나가야'를 건축하면서 그 집에서 세월을 보낼 사람의 정신력, 체력, 생활 양식에 이르기까지 모든 문제를 한계치까지 파고들어 사고했습니다. 자서전에서 그는 주거에 대해 말하면서, 자연의 일부로서 존재하는 생활이야말로 주거의 본질이라는 답을 내놓습니다. 그리고 건축의 원점은 주택에 있다고 말합니다. 건축이란 무엇인가? 이런 질문에 대해, 결국은 주택에서 시작하여 주택으로 끝난다고 대답합니다. 엄청나게 높은 빌딩을 올리거나 기념 건축물을 짓는다 해도 결국 주택이라는 개념을 떠나서는 안 된다는 뜻으로 보입니다.

건축이란 결국 사람이 사는 공간 아닙니까. 이런 이야기는 평범하게 들리지만, "건축이란 주택이다."라고 확정지어 말한다면 사정이 다릅니다. 이렇게 명징하고 단순하게 말하기는 쉽지 않으니까요.

안도 다다오, "건축은 주택이다"

건축은 곧 주택이라는 그의 주장은 건축을 전공한 여느 건축가들의 사변적인 말들과 대조됩니다. 대학에서 많이 배운 건축가들의 말은 참 어렵습니다. 그래서인지 와 닿지 않습니다. 세상과의 치열한 싸움 끝에 깨달은 것이 아니기 때문은 아닐까요. 경험을 하기는 했지만 어쩐지 남의 경험인 것처럼 느껴집니다. 건축은 빈자의 미학이다, 건축은 현실의 번역이다, 혹은 반복과 차이로서의 건축이다……, 이런 말들은 쉽게 와 닿지 않지요. 이런 말은 어떤가요. 건축은 일상을 의미 있도록 하고 땅의 가치를 장소로 번역하며 공간으로 시간의 영속성을 담아내어 이 시대와 이 땅에 흔적을 만든다. 맞는 것 같기는 해도 강렬하거나 선명하지는 않습니다. 앞서 기하학적 연계 이야기를 시작하면서, 모눈을 세어 직접 면적을 재는 예를 들었죠? 말한 그대로, 모눈종이를 만들어서 오려 내고 다른 곳에 갖다 붙이고 해야 합니다. 종이 위에다 그림으로 그려 보고 이리저리 생각해 본다면 그것은 흉내 내는 것에 지나지 않겠지요. 안도 다다오는 여행과 독학, 자신의 체험을 통해 건축이 주택이라고 말합니다.

체험으로부터 시작할 것

경험적 철학은 세 가지 특징이 있습니다. 첫째는 체험입니다. 안도 다다오의 예에서도 볼 수 있듯 대학에서 철학을 전공할 필요가 없습니다. 경험적 철학은 안도 다다오처럼 여행과 독학만으로 얼마든지 할 수 있습니다. 대학을 다니는 것과는 전혀 관계가 없습니다. 경영학으로 비유해 보자면, 경영학 책은 얼마든지 있습니다. 경영학으로 박사 학위를 딴다고 해서 경영에 대한 철학이 생기는 것은 아닙니다. 경영 이론에 대한 조그만 지식이 생길 뿐이죠. 만두 가게를 평생 해 온 사람 중에 만두에 대한 지식뿐 아니라 철학을 갖춘 사람이 간혹 있습니다. 학원이나 학교에서 배운 것이 아니라 체험을 통해 깨달은 것이지요.

고민을 끝까지 밀어붙일 것

두 번째는 치열함입니다. 한계치까지 생각을 밀어붙이는 것을 말합니다. 잠재적 기하학이 어렴풋하게 생각하다 마는 것처럼 사람들은 보통 뭔가 있겠구나 하는 정도에서 머뭅니다. 하지만 경험적 철학자들은 자신의 분야에서 한계에 도전하는 사람들입니다. 다른 분야에서 안도 다다오와 같은 예로, 야구의 신이라는 뜻으로 야신이라 불리는 김성근 감독이 있습니다. 프로 야구 감독으로 현재 우리나라 최고의 감독으로 불리는데, 어떤 사람들은 김성근 야구가 재미없다고 합니다. 이기는 데 집착하기 때문에 호쾌한 공격 야구를 볼 수 없다는 것이지요. 일리가 있습니다. 그런데 저는 김성근 감독이 이기는 데 집착하는 게 아니라 주어진 조건을 한계치까지 몰고 가는 것이라고 여깁니다. 주어진 선수와 환경하에서 최대의 성과를 내기 위해서는 치열하게 고민하고 실천에 옮겨야 합니다. 남들이 보기에는 이기고 있는 게임에서 후반의 보내기 번트는 너무한 게 아닌가 생각할 수 있지만, 최선의 결과를 위해서는 취할 수 있는 전략이라고 봅니다. 보통 사람이라면 어느 정도까지 하다 말겠지만 경험적 철학자는 자신이 할 수 있는 한도까지 밀고 나갑니다. 이것이 보통 사람과의 차이입니다. 물론 전문 철학자도 치열하게 작업합니다. 하지만 사유를 치열하게 하는 것입니다. 경험 철학자와 전문 철학자는 치열함은 같고, 다루는 내용은 다릅니다. 한쪽은 경험을, 다른 한쪽은 사유를 다루는 것이지요. 김성근 감독은 연습을 많이 시키는 것으로 유명합니다. 이 역시 경험을 말하는 것이겠지요. 전문 철학자처럼 사유를 중심에 두지는 않습니다.

체계적으로 일반화할 것

세 번째는 추상의 능력입니다. 요기 베라라는 미국의 유명한 야구 선수가 있습니다. 메이저 리그에서 오랫동안 활약한 명선수로 "야구는 끝날 때까지 끝난 것이 아니다."라는 유명한 말을 남겼습니다. 혹시 들어 본 적이 있나요? 이런 명언을 남겼다는 이유만으로 요기 베라를 경험적 철학자라 부른다면, 그건 좀 성급한 태도라고 해야 할 것입니다. 이 발언은 단편적인 것이기 때문입니다. 야구 일반에 대해 체계적으로 말했다면 경험적 철학자라고 부를 수 있겠지만요. 경험적 철학자는 보통 사람과 달리 자신의 분야에 관해 일가견을 펼칩니다. 예를 들어 야구는 인생이다, 요리는 정성이다, 등산은 자신과의 싸움이다, 포도주는 숙성이다 같은 말이 있지요. 이처럼 일반화를 하는 것이 바로 추상입니다. 경험적 철학자가 되려면 단순히 낱낱의 사실을 말하는 것이 아니라 자신의 분야 전반에 대한 일반화가 필요하지요. 야구에는 "위기 뒤에 찬스, 찬스 뒤에 위기"라는 말이 있습니다. 대체로 맞는 말이지만 이 역시 단편적입니다. 야구 전반에 관한 일반화는 아니라는 말이지요. 따라서 일반화를 하기 위해서는 추상화 작업이 필수입니다. 일반화만 해서는 부족합니다. 왜 그런 일반화를 했는가에 대한 근거를 제공하는 것이 필요합니다. 앞서 안도 다다오는 건축은 주택이라고 일반화했고,

왜 그런지에 관해 책 전체를 통해 자신의 주장을 펼칩니다. 이런 것을 체계적이라고 할 수 있겠지요. 일반화는 했으나 체계적이지 않은 예 중 하나로 이런 말이 있습니다. "경제는 유통이다." 사회적으로 큰 물의를 일으킨 사람이 한 말인데, 이것도 추상화의 좋은 예이긴 합니다. "경제란 무엇인가?"라는 물음에 한마디로 답한 것이니까요. 하지만 체계적으로 전개되지 않았기에 경험적 철학자라고 부르기는 어렵겠지요. 경험적 철학자가 되기 위해서는 자신의 경험, 한계까지 밀고 나가는 치열함 그리고 체계적인 일반화가 필요합니다. 그리고 한 가지 요건을 더 추가하자면 자신의 전문 분야에 관해서만 말한다는 겁니다. 이 점은 경험적 철학자와 전문 철학자를 구별하는 기준이 됩니다.

4 인생에 대해 말하는 그냥 보통 사람

산을 좋아하는 청소년은 별로 없는 것 같습니다. 저도 어렸을 때는 산을 좋아하지 않았습니다. 왜 산에 가는지 도대체 이해할 수 없었지요. 그런데 세월이 흘러 요즘은 산에 자주 다니고 있습니다. 그리고 산이 왜 좋은지도 알게 되었습니다. 편하니까 좋은 것입니다. 여러분에게는 실감이 나지 않는 이야기겠지만 한번 들어 보는 것도 나쁘지는 않을 거예요.

북한산에 올라가 보면 사람이 참 많습니다. 사람이 적은 길을 고르려 해도 이제는 별로 소용이 없습니다. 등산로는 정해져 있고 등산 애호가도 늘어서, 알려지지 않은 길이 거의 없기 때문입니다. 그런데 등산에는 재미있는 적이 하나 있습니다. 산에 오르면 사람들이 좀처럼 내려가지 않는다는 겁니다. 산 위에서 혹은 산 중턱에 모여 앉아 꽤 오래 이야기를 하지요. 물론 다른 운동도 끝나고 나면 모여서 이야기를 합니다. 하지만 산에서는 그 내용이 조금 다릅니다. 조금은 도사연한다고 할까요. 꽤 그럴듯한 말을 한마디씩 하려고 합니다. 높은 곳에서 내려다보면 큰 빌딩도 작아 보이고 사람들은 잘 보이지도 않습니다. 그렇게 내려다보노라면, 별것도 아닌데 왜 이렇게 아등바등 사는지 모르겠다 싶으면서 각자가 생각하는 인생에 대한 이야기가 나오게 되나 봅니다. 재미있는 것은 주변에 몇 팀이 있어도 이야기 내용은 대체로 차이가 없다는 겁니다. 보통 사람들의 살아가는 이야기라는 것이지요. 누구 한 사람이 자신의 전문 분야로 깊숙이 들어가면 갑자기 분위기가 가라앉거든요. 가령 증권 회사에 다니는 사람이 파생 금융 상품에 대해 길게 이야기하면 다른 사람들은 더 열심히 먹을 뿐 말이 없어집니다. 물론 같은 직종에 종사하는 사람이라면 상황이 다르겠지만 보통은 사람 사는 이야기를 합니다. 특히 중년의 아저씨나 아주머니 들은 자식 이야기, 노후 대책, 건강 이야기를 가장 많이 합니다. 왜 이렇게 일반적인 주제에서 벗어나지 못할까요? 분위기 때문일 수도 있지만 다른 이유도 있지 않을까요. 앞에서 든 기준 네 가지를 통해 알아보겠습니다.

먼저 경험을 보면, 그 점에서는 차이가 거의 없습니다. 경험적 철학자나 보통 사람이나 직접 경험에서 차이는 없다고 생각됩니다. 오히려 보통 사람이 더 많은 경험을 하는 경우도 있을 겁니다. 자신의 일생을 소설로 쓰면 서너 권은 될 거라고 말하는 사람도 꽤 많습니다. 하지만 경험이 아무리 많아도 아무나 경험적 철학자가 될 수는 없습니다. 치열함이 부족하기 때문입니다. 보통 사람도 인생에 대해 그리고 자신의 일에 대해 자신만의 견해가 있습니다. 세상에 생각이 없는 사람이 어디 있겠습니까. 여러분도 공부에 대해 자신만의 생각이 있을 겁니다. 그렇지만 과연 공부란 무엇일까에 대해 정말 치열하게 생각해 본 사람은 많지 않을 겁니다. 조금 생각하다가 아, 골치 아파, 생각하면 뭐해, 이런 고민 할 시간에 차라리 공부하는 게 낫지, 하고는 다시 공부를 합니다. 다른 직업에 종사하는 사람도 마찬가지입니다. 일생 목수를 했다고 해도 목수란 무엇인지에 대해 치열하게 고민하고 생각하지 않으면 경험적 철학자라고 볼 수 없어요. 물론 다들 가끔씩은 도대체 목수를 왜 하는가, 좋은 목수란 무엇인가를 고민하겠지요. 하지만 대체로 역시 끝까지 생각하지 않고 그때그때 넘어가 버리고 맙니다. 사는 게 다 그렇지 뭐, 이런 식으로요. 보통 사람도 많이 생각하고 많이 말하지만 치열하게 하지는 않습니다. 그렇다면 경험적 철학자는 될 수 없습니다. 물론 꼭 경험적 철학자가 되어야 한다는 의기는 아닙니다. 그럴 필요는 없지요. 단지 보통 사람과 경험적 철학자를 구별하려는 것뿐입니다.

누구나 자신만의 경험은 있다, 그러나……

가끔 시장 아저씨들을 보면 세상 경험도 많고 아는 것도 참 많습니다. 게다가 생존 경쟁에서 이기기 위해 치열하게 살아왔습니다. 그리고 자신의 분야에서는 누구보다 그 일에 정통합니다. 동대문 시장에서 장사를 하는 사람들이 여기에 속하겠지요. 예를 들어 비닐을 파는 사람이라면 그 분야에서만큼은 누구에게도 지지 않겠지요. 즉 자신의 전문 분야가 있습니다. 그렇다고 해서 모두 경험적 철학자가 되는 것은 아닙니다. 체계적이지 않기 때문입니다. 이런 때는 이렇게 하고 저런 때는 저렇게 한다는 자신만의 비법을 갖고는 있겠지만 체계가 있는 것은 아닙니다. 결국 상인이란 무엇인가, 혹은 장사란 무엇인가에 대해 체계적인 지식이 있어야 한다는 것입니다. 비닐 장사와 상인은 다릅니다. 상인은 비닐 장사보다 추상화된 것이지요. 상인에는 아주 많은 종류가 있고 비닐 장사는 그중 하나입니다. 따라서 배추 장사도 통닭 장사도 세계적인 무역업자도 마찬가지입니다. 결국 상인이란 무엇인가, 상업이란 무엇인가? 이런 추상화된 문제에 대해 답을 제시해야 경험적 철학자가 됩니다. 물론 파편적이 아니라 체계적이어야 하지요. 이런 조건들을 만족시키기란 참 어렵습니다. 따라서 대개의 사람들은 힘든 경험적 철학자가 되기보다는 인생에 대해 편하게 말하는 쪽을 택하게 됩니다.

'일가견'이 있는 사람

보통 사람들이 인생에 대해 말하는 것은 앞서 얘기한 네 가지

조건에 조금씩 미치지 못하더라도 상관없습니다. 인생은 어떤 사람만의 전문 분야가 아니거든요. 누구나 인생을 살아갑니다. 빵을 굽든 소를 키우든 회사를 다니든 누구나 자신의 인생을 살아갑니다. 그리고 인생에 관해서라면 누구나 자신만의 경험이 있습니다. 물론 직접 경험이지요. 경험 없이 인생을 살아가는 사람은 없습니다. 그리고 누구나 한계까지 치열하게 고민하지는 않더라도 고민을 합니다. 그리고 체계적으로 자신의 생각을 다듬고 세우지는 않지만 생각은 합니다. 이런 것들이 어울리면 인생에 대해 누구나 한마디쯤은 할 수 있게 되지 않겠습니까. 그래서 사람들은 모이면 인생에 대해 말합니다. 일가견이 있다는 말을 듣는 사람도 간혹 있는데, 그건 나름의 체계가 있다는 뜻입니다. 또 어떤 사람은 말솜씨가 좋아 그럴듯하게 자신이 살아온 인생을 이야기하기도 합니다. 무엇인가 대단한 얘기를 하는 것 같지만, 체계적이지는 않습니다. 이런저런 경험의 조각들인 것이지요. 하지만 재미있습니다. 그리고 공감도 많이 됩니다. 이런 이유로 인생에 대해 이러저러한 이야기를 하는 것을 흔히 개똥철학이라고 하지요. 개똥철학이라는 말은 보통 '체계적이지 않은 자신만의 견해'라는 뜻으로 쓰입니다. 하지만 이런 것이 바탕이 되어 경험적 철학, 전문 철학도 가능해집니다. 앞서 나온 잠재적 기하학과 비슷하다고 할 수 있습니다. 무엇인가 있는 것 같다, 좀 더 치열하게 체계적으로 생각하면 무엇인가 나올 수 있다, 이러한 단계라고 할 수 있습니다.

　잠재적 기하학에서 실험적 기하학으로 넘어가는 데는 오랜 시간이 걸렸습니다. 이와 마찬가지로 보통 사람들이 인생을 이야기하는 단계에서 자신의 전문 분야에 대한 경험적 철학자가 되는 것 역시 힘든 과정입니다. 단순히 경험을 나열하는 것을 뛰어넘어 자신의 경험을 바탕으로 전문 분야를 체계적으로 추상화해 내는 일은 어렵기 때문입니다. 그리고 경험적 철학자가 꼭 되어야만 하는 것도 아니니까요. 하지만 이왕이면 좀 더 치열하게 고민해서 체계적인 일가견을 제시한다면 멋지지 않을까요. 어쩐지 좀 더 인간 본연의 모습에 가까워지는 느낌도 드는군요. 생각의 힘은 위대할 뿐 아니라 아름답기도 하다는 생각을 종종 합니다. 자기만의 철학을 하기 위해서 꼭 경험적 철학자나 전문 철학자가 될 필요는 없습니다. 자신에게 맞는 철학을 하면 그만입니다. 중요한 것은 자신이 스스로 한 자신의 생각, 자신의 철학이어야 한다는 점입니다.

5 이성을 통해 증명하는 '전문 철학자'

미국 메이저 리그 야구 중계를 가끔 보면, 구장이 크고 멋있고 경기 수준도 높아서 볼거리가 꽤 있습니다. 역시 세계 최고 수준의 선수가 모여 있으니 다르기는 좀 다르다 싶습니다. 저는 블라디미르 게레로라는 타자를 좋아하는데요, 이제는 나이가 좀 들었지만 여전히 잘 치고 있습니다. 이 선수의 장기는 큰 키와 긴 팔을 이용한 스윙입니다. 팔이 길어 볼도 안타로 만드는 재주가 있다는 겁니다. 물론 홈런도 잘 칩니다. 그래서 시합 전에 상대 투수에게 전달되는 메모에 이 선수에 대해서는 "행운을!"이라고만 적혀 있었다고 합니다. 못 치는 공이 없으니 행운을 빌 뿐 달리 방법이 없다는 것이지요. 보통 타자 같으면 몸 쪽 높은 공으로 공략하라든가 변화구에 약하다든가 하는 내용이 적혀 있었을 텐데 말입니다. 그런데 중계방송을 보면 화면 하단에 야구 관련 퀴즈가 나옵니다. 물론 사소한 것들을 다루지만, 정말 어렵습니다. 예를 들면 "아메리칸 리그에서 3,000 안타를 기록한 두 번째 선수는 누구일까요?" 이런 식의 문제입니다. 그런데 더 재미있는 것은 한국의 해설자가 그런 문제를 맞힌다는 겁니다. 미국 팬도 아닌데 그런

사소한 것들까지 맞히는 것을 보면 신기할 따름입니다. 아무리 야구 해설가라 해도 대단하구나 하는 느낌이 듭니다. 그런데 메이저 리그 야구를 해설하는 사람은 대개 야구 선수 출신이 아닙니다. 메이저 리그 전문가라고 할 수 있죠. 선수로 뛴 경험은 없지만 누구보다 메이저 리그 야구를 많이 보고 분석하고 정보를 수집했다고 할 수 있습니다. 물론 미국 야구장에 가겠지요. 그리고 인터뷰도 하겠지요. 하지만 그것만으로 전문가가 될 수는 없습니다. 그보다 중요한 것은 책상 위에 자료들을 놓고 분석하여 나름의 체계를 세우는 겁니다. 자신만의 관점을 만들고 그 관점에서 메이저 리그 전체를 분석하는 것이지요. 아무리 야구장에 많이 가고 아무리 경기 경험이 풍부하다고 해도 분석 작업이 없다면 전문가라고 할 수 없을 겁니다.

'위대한 순간'

앞서 실험적 기하학에서 연역적 기하학으로 옮겨 간 것이 수학의 위대한 순간이라고 말했습니다. 다시 말해서, 더 이상 실험실에서 작업하지 않고 책상 위에서 작업한다는 것이지요. 머리로 작업한다는 겁니다. 무리수 $\sqrt{2}$를 예로 들어 봅시다. $\sqrt{}$는 다 아실 겁니다. 그런데 무리수의 발견이 큰 충격을 준 일이 있습니다. 앞서 잠깐 언급하기도 했는데, 피타고라스학파에 일어난 매우 유명한 일입니다. 이 학파는 세계가 수로 구성된다고 믿었습니다. 이때 말하는 수는 자연수이고 추상적이기도 하지만 동시에 질량을 갖는 것이기도 했습니다. 수로 이루어진 세계는 질서가 잡혀 있다고 생각했지요. 그런데 무리수가 발견된 겁니다. 무리수란 딱 떨어지지 않고 1.4142……처럼 계속되는 수이지요. 이렇게 되면 수직선에 점을 찍을 수가 없습니다. 질서는 깨어지게 되었습니다. 그래서 이 학파는 무리수의 존재를 비밀에 붙이려 했습니다. 문제는 무리수가 존재한다는 것을 경험이 아니라 이성으로 증명하는 일이 일어났다는 겁니다. 아무리 숨겨도 숨길 수 없고 없애려 해도 없앨 수 없었다는 것이지요. 이 증명은 유명한 철학자 아리스토텔레스가 했다고 합니다. 직접 나가서 실험을 한 게 아니라 귀류법을 이용해 $\sqrt{2}$가 무리수임을 증명했습니다. 이성을 이용해 증명했다는 것이 중요합니다. 전문 철학자는 이처럼 이성을 극대화해서 철학의 '위대한 순간'을 만들어 냅니다.

가장 높은 수준의 추상적 사고

우리가 '철학자'라고 하면 보통 전문 철학자를 말합니다. 전문 철학자가 경험적 철학자와 다른 점은 두 가지인 듯합니다. 하나는 자신의 전문 분야만 다루는 것이 아니라는 겁니다. 안도 다다오는 건축이라는 자신의 전문 분야에 대해 말합니다. 하지만 전문 철학자는 자신의 전문 분야가 철학입니다. 그런데 앞서 말한 것처럼 철학은 세계를 통째로 이해하려는 노력이기에 특정한 전문 분야만을 다루지 않습니다. 세계를 통째로 다루기 때문에 그 안에 건축도 들어갈 수 있지만, 들어간다 해도 소재에 그치겠지요. 세계를 통째로 다루는 것을 목표로 하기 때문에 경험적 철학자의 작업과 다를 수밖에 없습니다. 다른 하나는, 추상화 작업을 높은 수준으로 한다는 것입니다. "건축은 주택이다."라고 말하는 것도 추상화 작업을 거친 것이긴 하지요. 하지만 세계를 통째로 드러내기 위해서는 이보다 훨씬 더 수준 높은 추상화 작업을 해야 합니다. 일부가 아니라 세계 전체를 대상으로 하니까요. 따라서 고도의 추상화 작업을 통해 나온 발언은 이해하기가 매우 어렵습니다. 예를 들어 보지요. 비트겐슈타인은 『논리 철학 논고』를 이렇게 시작합니다. 그리 길지도 않고 유명한 구절이기도 하니 한번 인용해 보겠습니다. "1. 세계는 일어나는 모든 것이다. 1.1. 세계는 사실들의 총체이지, 사물들의 총체가 아니다. 1.1.1. 세계는 사실들에 의하여, 그리고 그것들이 모든 사실들이라는 점에 의하여 확정된다." 무슨 말인지 알겠습니까? 알면 오히려 이상하지요. 이 발언들을 보면 세계 자체를 대상으로 한다는 것을 알 수 있습니다. 세계는 사실들의 총체라고 말하고 있으니까요. 문제는 이 말이 무슨 말인지 한 번 들어서는 알기 어렵다는 겁니다. 아니, 도무지 감을 잡을 수 없지요. 사물의 총체가 아니라고 하니 더 어렵군요. 전문 철학자들의 발언은 보통 이렇습니다.

안도 다다오의 말은 그나마 알아들을 수 있습니다. 건축은 주택이다. 그렇게까지 어렵지는 않지요. 그 안에 깊은 뜻이 들어 있을 것이라고 미루어 짐작할 수는 있지만 난감하지는 않습니다. 노력하면 알 수도 있어 보이니까요. 하지만 비트겐슈타인은 다릅니다. 세계가 사실들의 총체라니! 철학적 훈련을 많이 하지 않으면 접근조차 할 수 없다는 느낌이 들지 않습니까. 뭔가 전문가의 세계가 있다는 느낌이 들기도 하고 알고 싶은 마음이 들기도 하지만 알아 봐야 별로 쓸데가 없을 것 같은 느낌도 들지 않습니까. 전문 철학자들은 보통 사람들이 알아듣기 어려운 것들을 하는 사람들입니다. 그런데 비트겐슈타인의 앞의 말은 무슨 뜻일까요? 한번 짐작이나 해 볼까요. 세계가 사물들의 총체가 아니다? 사물이라고 하면 사과, 책상, 휴대폰, 전등 같은 대상을 말합니다. 컵을 보라고 할 때 '컵'은 대상이지요. 비트겐슈타인은 세계는 대상으로 이루어지지 않았다고 말합니다. 그럼 무엇으로 이루어져 있나요? '컵'이 아니라 '컵이 책상 위에 놓여 있다는 사실'로 이루어진다고 말하고 있습니다. 즉 잘 보면 컵이 단독으로 존재하는 것이 아니라 어떤 상황 아래에서 존재한다는 것이지요. 컵이 책상 위에 놓여 있거나 깨어져 마룻바닥에 있거나 공중에서 돌고 있거나 한다는 겁니다. 즉 어떤 상황 속에서 존재한다는 것이지요. 사람도 마찬가지입니다. 사람이 단독으로 있는 경우는 상상 속에서나 가능하겠지요. 사람은 길을 걷거나 침대에서 자거나 아침을 먹거나 개를 끌고 산책을 하거나 그러겠지요. 이렇게 따지면 비트겐슈타인 말대로 세계는 사물의 총체가 아니라 사실의 총체가 맞겠네요. 어렵지만 풀어 놓으니 조금 알 것도 같은가요?

철학 교수라고 다 전문 철학자는 아냐

전문 철학자를 떠올릴 때 한 가지 유의할 것이 있습니다. 철학교수나 선생님이 반드시 전문 철학자는 아니라는 점입니다. 스피노자는 안경알을 깎으면서 철학을 했습니다. 데이비드 흄도 공무원이었어요. 비트겐슈타인도 수도원의 정원사, 초등학교 교사 등으로 일했습니다. 물론 나중에 대학 교수를 지내기는 했지만요. 역사적으로 대학 교수가 전문적으로 철학을 하게 된 것은 서양에서는 근대 이후의 일이라고 합니다. 그 전에는 주로 성직자들이 했지요. 그보다도 전의 로마 시대에는, 로마인은 별로 철학을 하지 않고 노예였던 그리스인들이 주로 했다고 합니다. 하지만 시대가 변해서 지금은 대학에서 주로 철학을 전문적으로 연구합니다. 대학마다 철학과가 있고 철학 교수가 있지요.

모든 것이 전문화된 이 시대에 철학 교수가 전문 철학자라고 불리는 것은 자연스럽습니다. 하지만 철학 교수라 해서 모두 전문 철학자는 아닙니다. 훌륭한 철학 선생님일지는 몰라도 전문 철학자는 아닐 수 있습니다. 전문 철학자가 학생들을 가르칠 수도 있겠지만, 잘 가르치는 사람이 철학자는 아니지요. 전문 철학자는 비트겐슈타인처럼 세계를 통째로 이해하려는 시도를 끊임없이, 전문적으로 하는 사람입니다. 매우 힘든 과제에 도전하고 있다고 할 수 있습니다. 그러니 주변에 드물지요. 하지만 걱정하지 않아도 됩니다. 앞서 경험적 철학자가 꼭 될 필요는 없다고 말했지요? 그렇다면 우리가 철학을 하려고 할 때 전문 철학자가 될 필요는 더더욱 없을 테니까요.

전문 철학자가 되는 일보다 더 중요한 건

정리해 보자면, 누구나 어렴풋이 인생이나 세계에 대해 생각을 합니다. 보통 사람들이지요. 보통 사람들은 가장 공통적인 경험인 인생에 대해 말합니다. 그리고 그보다 높은 단계로는 경험적 철학자가 있습니다. 자신의 전문 분야에서 쌓은 치열한 경험을 바탕으로 체계적인 견해를 제시하는 사람입니다. 제가 추천하는 경우는 이것입니다. 그리고 그 위에는 전문적으로 세계 전체를 대상으로 작업하는 사람들이 있습니다. 전문 철학자입니다.

물리학자나 유전 공학자 혹은 일류 가수와 마찬가지로 매우 드문 경우이고 멀고 험한 길이기에 타고난 재능과 근성이 없다면 가지 않는 게 좋다고 생각합니다. 제가 이렇게 말하는 것이 여러분에게는 야박하게 들릴지도 모르겠습니다. 하지만 자신에게 맞는 일을 하는 것이 좋다고 생각하기 때문에 이렇게 말하지 않을 수 없군요.

그렇다면 철학 공부는 여기에서 멈추는 것인가요? 어차피 전문 철학자가 되는 경우는 특수한 것이고, 많은 부분이 천성에 달렸다면 처음부터 시작도 하지 말고 그만두는 것이 현명하지 않을까요? 물론 전문 철학자가 되는 것을 더 깊게 이야기할 필요는 없을 겁니다. 자기만의 철학을 하는 것이 가장 중요하거든요. 자기에게 맞는 것이 무엇보다 중요합니다. 하지만 경험적 철학자가 되는 방법, 자기만의 철학을 하는 법을 아는 것은 좋다고 생각합니다. 경험적 철학자가 되는 방법에 대해 이야기하면 자연스럽게 전문 철학자의 길도 알 수 있을 테니까요. 그럼 자기만의 철학으로 나아가는 길을 살펴볼게요.

4

자기만의
철학을 하려면

1 자신의 문제와 씨름해야

　　　　　　　자기만의 철학을 얘기하기 위해 먼 길을 돌아왔습니다. 여기까지 따라오느라 고생이 많았습니다. 철학의 특성을 드러내려고 과학, 종교와 비교해 봤고, 철학의 특성이 무엇인지 더 선명하게 나타내기 위해 기하학의 단계를 살펴보기도 했습니다. 그럼 이제 자신의 철학을 하는 구체적인 방법을 알아볼까요?

　제가 처음으로 세상에 내놓은 책은 『한국의 정체성』이었습니다. 이 책은 "한국적인 것이 무엇인가?"라는 문제를 다루고 있습니다. 우선 문제 자체가 별로 전문적 철학의 냄새가 나지 지요? 이를테면 '하이데거의 시간에 대하여' 혹은 '플라톤의 선의 이데아의 현대적 해석' 혹은 '퇴계 철학의 현대적 성격'과 같은 제목이라면 전문적인 철학이라는 생각이 들겠지만 "한국적인 것이 무엇인가?" 같은 주제는 만만해 보입니다. 누구나 한번쯤 '도대체 한국적이라는 것이 뭐야?' 하고 생각해 봤을 것이기 때문입니다. 특별히 철학 훈련을 받지 않았다 해도 이런 생각쯤이야 하지 않을까요. 따라서 이 문제를 생각해 본 사람이라면 다들 나름대로 이에 대한 답을 가지고 있겠지요. 하이데거, 플라톤, 원효에 관한 이야기라면 아예 시도도 하지 않았겠지만요. 그런데 왜 이런 주제로 첫 책을 썼느냐고요? 그것은 제가 어렸을 때부터 생각해 왔던 문제이기 때문입니다.

궁금해하던 문제를 정면으로 돌파하자

저는 어렸을 때 철학자가 되리라고는 생각해 본 적도 없습니다. 철학자는커녕 글을 쓰는 일을 직업으로 택할 것이라고도 생각해 본 적 없습니다. 중고등학교 때 글짓기 대회에 나간 적도 없고 교내 잡지에 글이 실린 적도 없습니다. 책도 고등학교에 들어와서 비로소 읽기 시작했습니다. 남들은 어린 나이에 책을 손에서 놓지 않았다는데, 저는 책보다는 운동을 좋아했습니다. 당시는 1970년대로 산업화가 한창 진행되면서 동시에 민주화도 진행되던 때입니다. 저는 정치나 사회 현상에 그렇게 관심이 많지는 않았습니다. 그보다는 사회 현상 너머에 있는 것에 관심이 있었습니다. 사람들은 무엇으로 사는가? 옛날 사람들은 시계가 없었을 텐데, 그럼 어떻게 약속 시간을 지켰을까? 신라와 한국은 전혀 다른 제도와 문화를 갖고 있는데 신라의 역사에서 무엇인가를 배운다는 것이 가능할까? 주로 이런 생각들을 했습니다. 그렇다고 대학에서 이와 관련된 공부를 전공해야겠다고 결

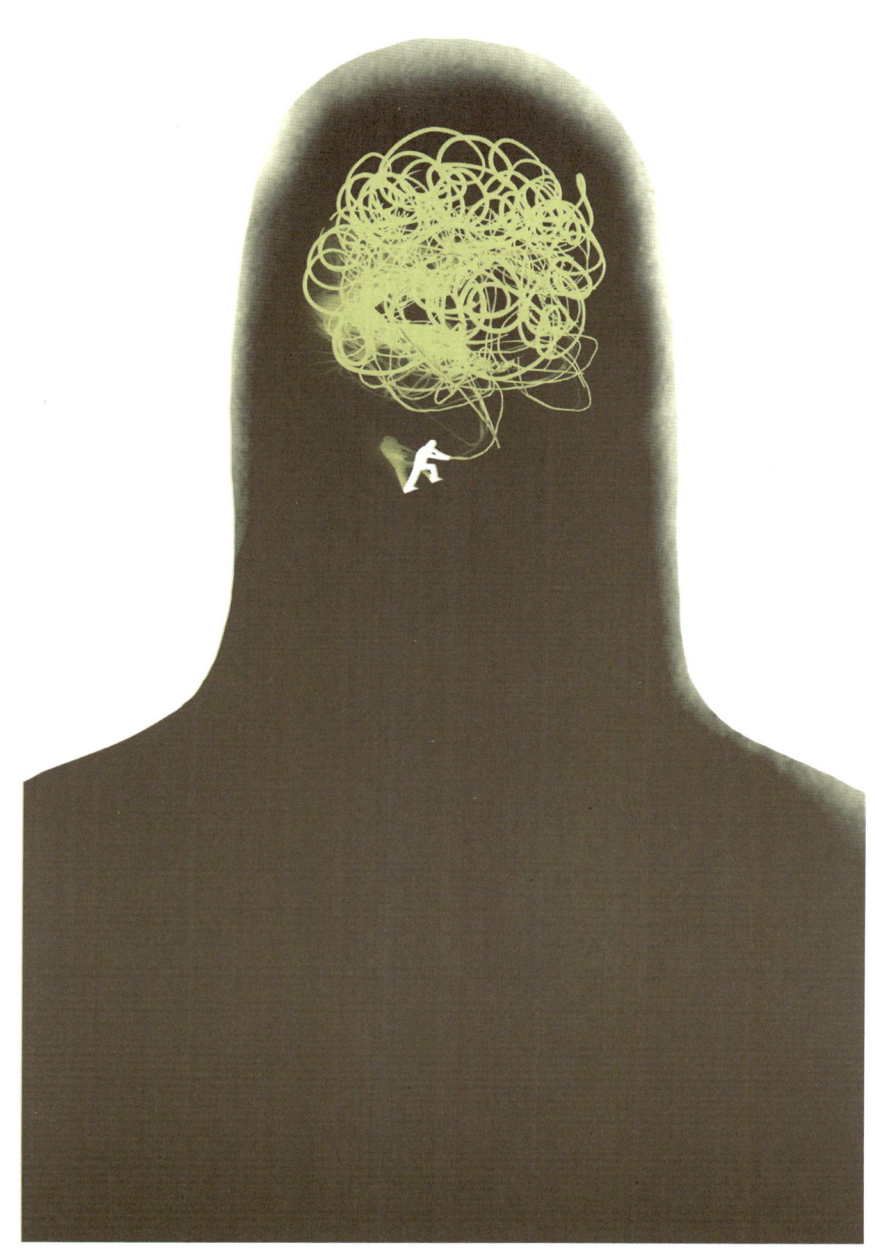

심한 것은 아닙니다. 그냥 생각을 해 보고 관련된 책을 구해서 읽고 친구들과 토론을 해 보는 정도였습니다.

　이후에 철학을 전공하게 되었고, 학위 논문으로 데이비드 흄의 인과론에 관하여 쓰게 되었습니다. 재미는 있었지만 일생 동안 연구할 만한 가치나 매력을 느끼지는 못했습니다. 그러던 차에 자연스럽게 자신의 문제가 수면 위로 떠오르게 되었습니다. 책을 쓰기로 했는데, 이왕 하는 것 내가 궁금해하던 주제, 하고 싶은 말이 있는 주제에 대해 쓰는 것이 좋겠다고 생각했습니다. 팔리지 않는다 해도 자신의 문제를 풀어 간다는 보람이 있을 테니까요. 왠지 남의 문제로 여겨지는 문제를 안고 억지로 책을 쓸 필요는 없잖겠어요? 자신이 고민하는 문제에 대해 글을 써야 잘 써지기도 하고 보람도 있을 것 같았습니다. 그래서 "한국적인 것이란 무엇인가?"라는 주제로 책을 쓰게 된 것입니다.

　정체성이라는 주제는 물론 철학적인 주제입니다. 정체성이라는 말 자체가 철학적 용어라고 할 수 있으니까요. 하지만 한국의 정체성이라고 하면 달라집니다. 철학적 문제는 맞지만 보편적인 것은 아닙니다. 미국의 정체성, 일본의 정체성 등의 문제가 바로 생깁니다. 보편적인 문제라고 하면 존재와 사유, 실존과 본질, 선과 악, 타당성, 합리성 등과 같은 것이겠지요. 따라서 한국의 정체성을 다룬다면 철학이기는 해도 애매해집니다. 철학책 같기도 하고 아닌 것 같기도 하다는 것이지요. 그런데 이런 구분이 과연 중요한 것입니까? 그냥 이 책은 한국적인 것이 무엇인가에 대한 탐구다. 이 정도로 충분하지 않습니까? 그런 구분은 부수적인 것입니다. 철학으로 분류되든 아니든 중요한 것은 책의 내용이겠지요. 자신의 문제를 자신의 방식으로 풀어 나가는 것이 책의 내용을 충실하게 하는 가장 좋은 방법입니다. 하지만 단순해 보이는 이런 태도가 실제로는 그리 단순하지 않습니다.

겉멋은 필요 없어

겉멋이 들어 철학 하는 사람이 꽤 많이 있습니다. 어려워 보이고 뭔가가 있어 보인다는 이유로 철학을 하는 사람들이 있다는 겁니다. 그러면서 철학이 재미있고 중요하다고 가르칩니다. 하지만 생기가 없습니다. 겉멋을 유지하려니 에너지를 과도하게 쓰게 되어 힘이 들어가고, 듣는 사람은 무슨 말인지 알 수 없어 피곤해집니다. 철학이 남들이 못 하는 특별한 것이어서 멋지다고 생각한다면 당장 그런 생각을 버려야 합니다. 또 한편으로는, 떠밀려서 철학을 하는 사람도 의외로 많습니다. 특별한 뜻은 없었으나 어쩌다 철학을 전공하게 된 경우입니다. 이 역시 자신의 문제가 아니니 괴롭습니다. 이런 경우들은 일부 전문 철학자나 철학 전공자에 해당되는 얘기이겠습니다. 그렇다면 앞

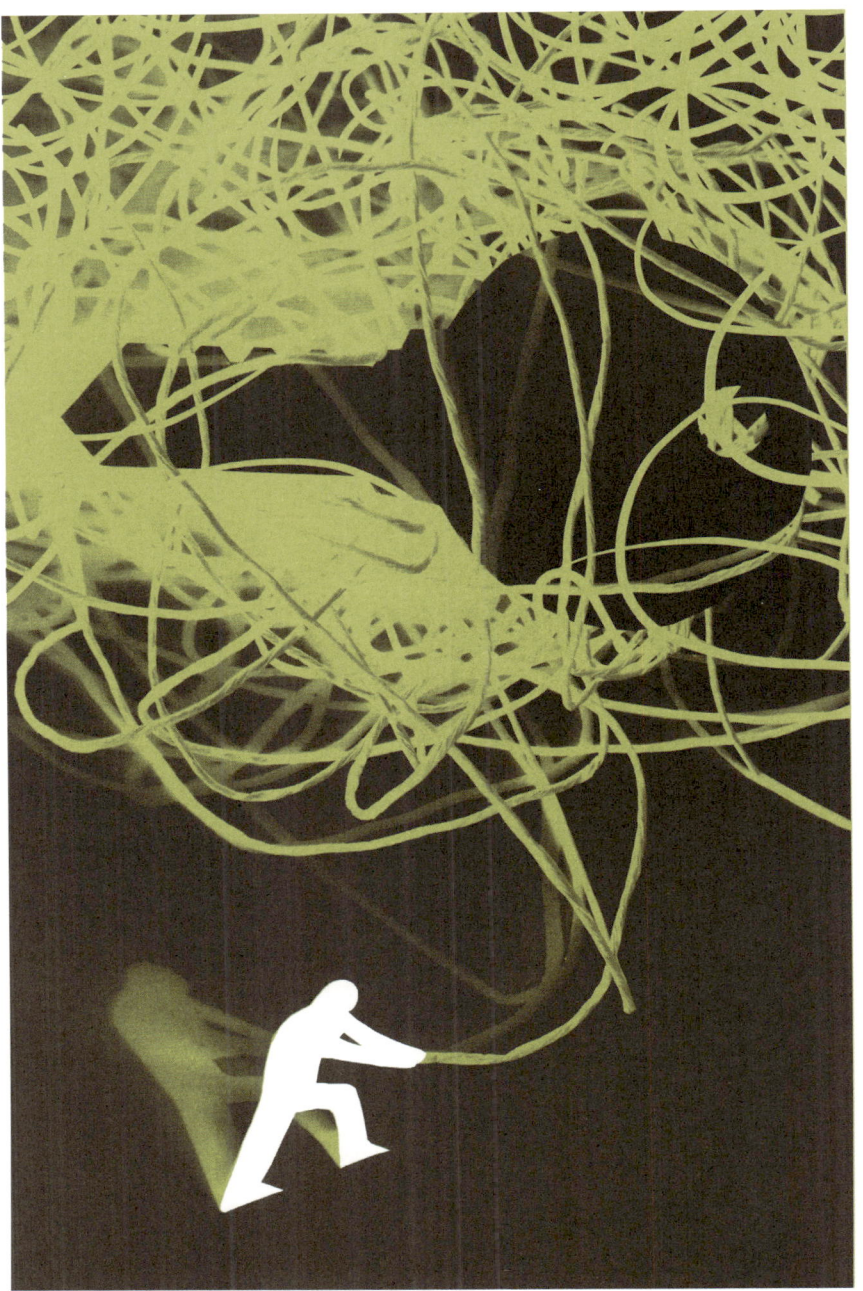

서 말했던 경험적 철학자의 경우는 어떨까요? 이 경우도 자신의 문제가 아니라면 마찬가지입니다. 어떤 영화 평론을 읽어 보면 영화보다 몇 배나 어렵습니다. 그리고 왜 철학 이야기가 그토록 많이 나오는지도 이해하기 어렵습니다. 과연 그런 글에서 자신의 문제를 다루고 있을까요? 저는 이 역시 겉멋이라고 생각됩니다. 인생에 대해 말하는 보통 사람의 철학도 예외는 아닙니다. 인생은 무엇이다, 하고 간단하게 말하는 법이 없지요. 복잡하고 알아듣기 힘들게 말합니다. 자기 자신도 무슨 이야기를 하는지 모를 정도로요.

진짜 자신의 고민이어야

겉멋이 들지 않고 떠밀리지 않고 자신의 문제를 갖고 작업을 해야 한다는 것은 어느 수준의 철학에나 모두 해당되는 이야기입니다. 보통 사람, 경험 철학자, 전문 철학자 모두 자신의 문제를 가져야만 합니다. 남의 문제를 자신의 문제인 양 떠안고 철학을 한다면 결코 만족할 수 없습니다. 이유는 단순합니다. 자기 다리를 긁어야 시원한 법이거든요. 아무리 열심히 해도 남의 다리를 긁는다면 자신에게 무슨 득이 있겠습니까. 남의 흉내를 내거나 남에게 보이기 위해서, 혹은 자리를 구하기 위해서가 아니라 진실로 자신의 고민이어야 합니다. 남이 뭐라든 이것은 내 문제라는 의식이 있어야 합니다. 예를 들면, 왜 일등을 하려고 할까, 혹은 왜 사람들은 오래 살려고 할까? 등의 문제입니다. 이런 문제를 오랫동안 고민하면서 자기 안에서 그 문제를 숙성시켜야 의미 있는 결과를 낳을 수 있습니다. 그렇다면 어떻게 해야 자신의 문제를 가지고 철학을 할 수 있을까요? 자신의 문제와 씨름하는 것 외에 또 다른 것이 필요하지는 않을까요?

2 전문 철학자가 되려면 읽어라

철학을 하려면 어려운 철학책을 읽어야 할까요? 그렇다고 할 수도, 아니라고 할 수도 있습니다. 반드시 읽어야 하는 건 아닙니다. 필요하면 읽고 필요하지 않다면 읽을 필요가 없습니다. 보통 사람의 철학이나 경험적 철학을 하는 경우라면 철학책을 읽을 필요가 없겠습니다. 하지만 전문 철학자가 되려면 반드시 읽어야 합니다. 이유는 크게 두 가지입니다. 하나는 전문 용어를 습득해야 하기 때문이고, 다른 하나는 철학계의 업적에 대해 알아야 하기 때문입니다. 우선 전문 용어 습득에 대해 알아보지요. 요즘은 사정이 달라지긴 했지만 야구장에 가서 안타가 뭐냐, 왜 저 선수는 그냥 걸어 들어가느냐 같은 질문을 하는 사람이 많이 있었습니다. 그러면 같이 온 사람이 열심히 설명을 해 줍니다. 아웃 카운트에 대해서도 설명해 주고 인 필드 플라이가 무엇인지도 알려 주려 애씁니다. 하지만 좀처럼 알아듣게 설명하지 못하지요. 야구는 용어가 아주 많고 복잡합니다. 익히는 데 시간이 꽤 걸립니다. 야구장에서 속성으로 될 리가 없지요. 야구 용어를 모르면 용어로 이루어진 규칙도 모를 테고 규칙을 모르면 야구를 볼 수 없습니다. 물론 경기를 할 수도 없겠지요. 용어를 모른다면 야구에 익숙해지는 과정은 용어를 하나씩 익혀 가는 과정이라고 할 수 있을 정도입니다. 철학도 마찬가지입니다. 용어를 도르면 전문적인 철학을 할 수 없습니다.

그다음으로 철학계의 업적을 알아야 한다는 것은, 다시 말하면 철학의 역사를 알아야 한다는 것입니다. 고등학교 때 친구 중에서 한 명이 꽤 진지한 고민을 했습니다. 인생에 대해 그리고 세상에 대해 고민이 많은 친구였는데, 어느 날 저에게 이런 말을 하는 것이었습니다. 윤리 교과서를 보니까 그동안 고민했던 것들이 이미 정리되어 있더라고요. 자신의 고민이 새로운 것이 아닐뿐더러 앞선 사람들이 더 멋있는 말로 더 깔끔하게 정리해 놓았다는 것이었습니다. 이런 경험은 저도 종종 했습니다. 꽤 오랜 시간 생각했던 문제인데 책을 보면 단 몇 줄로 요약되어 있었습니다. 한편으로는 내가 며칠을 두고 고민한 문제가 이미 많은 사람들이 했던 것이라는 사실에 힘이 빠지고 낭패감이 들기도 했지만, 다른 한편으로는 내가 생각을 제대로 했다는 안도감이 들기도 했습니다. 자신의 고민이 자신만의 고민은 아니라는 점에서요. 이런 과정을 거치면서 철학 하는 능력도 성장하게 됩니다.

버리기 위해서 읽는 것

그렇다면 전문 철학자가 되려면 철학책을 읽는 것을 피할 수 없나요? 그렇기는 하지만 여기서도 유의할 점이 있습니다. 버리기 위해 읽는다는 겁니다. 중국의 춘추 전국 시대에 한비자라는 사람이 있었습니다. 그는 옛사람들의 말에서 배울 것이 없다는 입장을 취했습니다. 옛날에는 좋은 것이 있었다, 역사를 거슬러 올라갈수록 원형이 있다는 그때까지의 통념을 부정했습니다. 그리고 법에 의한 통치를 주장했습니다. 그렇다면 한비자는 앞선 사람들의 책을 읽지 않았던 것일까요? 아마도 읽었을 겁니다. 그도 성장 과정에서 널리 알려진 책들을 읽지 않았겠습니까. 그런 과정을 통해 문장을 익히고 자신의 사고를 성장시켰겠지요. 하지만 어느 시점에서 자신의 생각을 정립하고 책에서 읽은 것들을 부정했겠지요. 아, 이것은 아니다, 앞서 말한 것들에서 배울 것은 없다, 이런 식으로 생각했던 것입니다. 고전이라고 해서 무조건 옳다는 생각을 버리고 자신의 생각과 자신의 판단을 시작한 것이지요. 여러분도 고전이라든가 필독서라든가 베스트셀러라는 이름에 굴하지 않아야 합니다. 고전이라면 무조건 읽어 봐야 한다든가 고전이 말하는 것은 모두 옳다는 자세는 바람직하지 않습니다. 이 세상에 꼭 읽어야 할 책이란 건 없습니다. 사람은 모두 각자의 방법으로 철학을 하는 것입니다.

전문 철학자가 되기를 원한다 하더라도 반드시 읽어야 하는 철학책이 따로 정해져 있는 것은 아닙니다. 자신에게 필요하면 읽는 것입니다.

필요할 때 읽어라

전문 철학자가 되고자 하는 사람이 철학책을 읽어야 한다면 그것은 자신의 작업에서 필요한 경우에 한합니다. 예를 들어 보겠습니다. 모든 사건에는 원인이 있다는 말을 알고 있을 겁니다. 어려운 말로는 인과율이라고 부릅니다. 불을 때면 물이 끓는다, 맞으면 아프다, 이런 것이 인과율입니다. 누구나 인과율을 인정합니다. 그런데 인과율은 과연 어떤 것일까요? 다시 말해서, 인과율이라는 것이 원래 자연에 있는 것일까요, 아니면 언어적인 것일까요? 물음 자체가 이상하지요. 원인과 결과는 당연히 사람의 머릿속이 아니라 밖에 있는 것이 아닌가 싶을 것입니다. 불을 때면 물이 끓는다는 사실을 보면 명확한 것 같아 보입니다. 원인과 결과는 말이 아니라 실제로 있는 현상이라고 생각하는 것이 보통입니다. 머릿속에서 일어나는 일도 마찬가지입니다. 빵을 먹고 싶다고 생각했기에 빵집으로 들어갔겠지요. 그럼 언어적이라는 건 무슨 뜻일까요? 그것은 법칙은 자연 현상 간에 성립하는 것이 아니라 자연 현상에 대해 기술하는 것 사이에서 성립한다는 뜻입니다. 쉽게 말해 법칙은 인간이 만든 것이라는 주장입니다. 많은 현상 중에서 규칙적으로 성립하는 것을 인간이 인과적 법칙이라고 부른다는 것이지요. 그럼 왜 이런 법칙이 성립하게 되었을까요? 그것은 불을 때면 보통은 물이 끓기 때문이고 불과 물이 매우 가까운 거리에 있으며 시간적으로도 연속되어 나타나기 때문입니다. 불을 때면 물이 끓는 것을 우리는 아주 흔히 보아 왔기 때문에 물이 끓는 원인이 불이라고 말한다는 겁니다. 실제 세계에 이런 원인과 결과가 있는지를 알 수는 없다는 것이지요. 단지 같은 유형의 사건이 근접해서, 연속적으로, 규칙적으로 일어난다면 우리는 그것을 인과 관계로 본다는 겁니다.

다른 각도에서 이야기해 보겠습니다. 불을 때는데도 물이 끓지 않는다면? 일반적인 조건하에서 이런 현상이 일어난다면 그것은 기적이라고 불러야 하지 않을까요. 인과율이 자연에 속하는 것이라면 기적을 인정해야겠지요. 하지만 인과 법칙이 언어적이라면 이런 경우 기적이 아니라 새로운 법칙이 요구된다고 하겠지요. 즉 법칙을 수정해야겠지요. 자연에는 모순이 없습니다. 물체가 땅으로 떨어지지 않고 하늘로 올라가더라도 모순은 아닙니다. 모순이란 인간이 만든 언어적 규칙일 뿐입니다. "A는 A가 아니다."를 모순이라고 하는데, 이는 인간의 언어에만 있는 것입니다. 세계에는 그냥 A가 있을 뿐입니다.

어려운 이야기이지요. 어렵지만 조금 더 해 보겠습니다. 칸트는 인과율이란 자연에 있는 것도 아니고 언어적인 것도 아니라고 했습니다. 인간이 태어날 때부터 갖고 있는 여러 틀 중 하나라고 했습니다. 쉽게 말하자면 인간은 인과라는 틀로써 세상을 바라보도록 태어났다는 겁니다. 인과에 대한 논의는 지금도 계속되고 있습니다. 인과의 본성이 무엇이냐 하는 것인데, 물리학도 가세하고 통계학도 가세해서 점점 더 이해하기 어려워지고 있습니다. 인과 문제를 예로 든 것은 이런 골치 아픈 철학 문제를 해결하려고 할 때 철학책을 읽어야 하느냐를 말하기 위해서였습니다. 아무래도 전문 철학자라면 읽는 것이 좋겠지요. 많은 사람이 참여해서 각기 다른 많은 견해를 내놓았기 때문에 그런 견해들을 알면 자신의 생각을 다듬는 데 도움이 될 것이기 때문입니다.

철학책의 권위에 주눅 들지 마

하지만 유의할 점은 중심을 잡아야 한다는 것입니다. 책에 끌려다니지 말고 자신이 궁금한 점을 책에서 찾아야 합니다. 책에서 힌트를 얻을 수는 있지만 책을 맹신하거나 철학자의 권위에 눌려서는 안 됩니다. 세상에 간단한 문제란 없습니다. 특히 전문적인 철학의 문제라면 인과 논쟁에서 알 수 있듯이 문제 자체를 이해하기조차 어렵습니다. 도대체 인과율이 언어적인가 아닌가 같은 문제를 단번에 이해할 수 있습니까. 이것은 그야말로 전문적인 철학 문제죠. 이런 문제로 고민하며 살아가는 사람이 몇 명이나 있을까요. 전문 철학자는 철학책 읽기를 피해 갈 수 없습니다. 하지만 모든 것은 궁극적으로 자신의 문제를 해결하기 위한 것임을 잊으면 안 됩니다.

어려운 이야기만 했으니까 이제 조금 재미있는 이야기를 하나 하겠습니다. 여전히 인과에 관한 것이기는 합니다. 서양과 동양의 인과에 대해서는 잘 알려져 있으므로 여기서는 비교적 덜 알려진 이슬람에 대해 이야기해 볼게요. 이슬람에서는 14세기의 학자인 이븐 할둔이 등장하기 전까지는 인과 개념이 없었다고 합니다. 즉 왕의 학정 때문에 가뭄이 들었다거나 무리한 건축 공사가 재정을 파탄으로 몰아넣었다는 식의 인과 관계를 인정하지 않았다고 합니다. 왕이 학정을 한 것과 왕국이 멸망한 것 사이에 인과 관계가 없다고 보았다는 것입니다. 이상하지 않습니까? 인과 관계는 인류가 생긴 이래로 있었을 것 같은데 인정하지 않았다니요. 그 이유는 인과 관계를 인정하면 알라의 절대적 지배에 흠이 가기 때문이라고 합니다. 세상의 모든 일이 알라의 뜻대로 이루어진다면 왕의 학정도 알라의 뜻이고 왕국의 멸망도 알라의 뜻이므로 둘 사이에는 인과 관계가 성립하지 않습니다. 만약 인과가 성립한다면 알라의 뜻이 아닌 다른 원인을 인정하는 셈이 되겠지요. 신이 전적으로 세계를 지배한다면 인간과 인간 사이의 인과 관계는 없습니다. 있다면 신과 인간 사이에 있겠지요. 그렇다면 신을 제거하면 어떻게 될까요? 신이 없다면 비로소 존재하는 모든 것이 인과 관계를 가질 수 있게 됩니다. 왕국이 멸망한 원인은 신의 뜻이 아니라 왕의 학정 때문이었다고 그제야 말할 수 있겠지요. 물이 끓는 원인도 불이라고 불편 없이 말할 수 있을 겁니다. 역사적으로도 신을 부정한 후에 과학이 생겨나기 시작했습니다. 신의 세력이 약해지면서 자연 과학이 발달하기 시작했고 인과에 대한 논의도 본격적으로 시작되었습니다. 인과라는 개념이 우리에게는 무척 익숙하고 일상적이지만 그 자체로 만만치 않은 역사를 갖고 있습니다. 역사 속에는 아리스토텔레스도 있습니다. 아리스토텔레스는 신이 없는 상황에서 인과 관계를 정리한 사람입니다. 그는 모든 것에는 원인이 있는데 거슬러 올라가면 원인 없이도 모든 것의 원인이 되는 어떤 것이 있어야 한다는 결론에 도달합니다. 이런 추론은 논리적으로 보입니다. 하지만 그는 인과라는 개념이 과연 철학적으로 어떤 것인지에 대해서는 더 탐구하지 않았습니다.

불안감은 떨쳐 버려라

경험적 철학자가 되거나 보통 사람의 철학을 하고자 한다면 구태여 철학책을 읽을 필요가 없습니다. 그래도, 하는 불안감을 떨쳐 버리기 바랍니다. 경험적 철학자는 자신의 분야에 대해서만 말하면 됩니다. 앞서 말한 것처럼 체험, 치열함, 추상화 그리고 일가견으로도 충분합니다. 그런 작업의 결과가 철학적인지 아닌지는 조금도 신경 쓸 필요 없습니다. 철학 훈련을 받지 않아도 자신의 철학을 하는 데 전혀 지장이 없습니다. 영화를 일생 동안 열심히 본 사람이 있다고 칩시다. 영화 이론을 공부한 적도 없고 영화 전문 서적을 읽어 본 적도 없습니다. 하지만 자신의 체험을 바탕으로 치열하게 자신의 영화론을 전개할 수 있습니다. 즉 일가견을 이룬다는 것이지요. 물론 이때 전개하는 것은 구체적인 낱낱의 경험이 아니라 추상화가 진행된 것이어야겠지요. 철학적 기반이 부족하다고 불안해할 필요는 없습니다. 오히려 무작정 철학책을 읽는다면 자신의 철학을 만들어 가는 데 방해가 될 수도 있습니다. 자신의 체험이 주가 되지 않고 철학 이론에 자신의 체험을 꿰맞추게 될 수 있기 때문입니다. 미술 비평도 마찬가지입니다. 왜 이렇게 어려운 말들이 많은지 모르겠습니다. 쓰는 사람도 아마 이해하지 못하리라는 의심이 들 지경입니다. 그렇게 어렵게 쓸 필요는 전혀 없습니다. 자신의 생각이 신선하고 내용이 꽉 차 있다면 쉬운 표현으로도 충분할 것입니다. 자기 생각이 없을 때 유명한 철학자의 이름에 기대려는 것이 아닐까요.

알기 쉬운 철학책이란 세상에 존재하지 않는 것 같습니다. 아무리 알기 쉽게 썼다고 해도 철학책은 수필집이 아니기 때문입니다. 생각이 흘러가는 대로 쓴다면 철학책이 될 수 없습니다. 철학은 세계를 통째로 이해하려는 노력이기에 아무리 쉽게 쓴다 해도 세계를 통째로 이해하려는 시도를 숨길 수 없기 때문입니다. 예를 들어, 본질에 대해 설명하려 합니다. 본질이란 어떤 사물을 바로 그 사물이게 하는 그 무엇입니다. 이런 어려운 개념을 설명하기 위해 쉬운 예를 들기 마련입니다. 그러고는 마지막에 본질이란 것이 무엇인지 설명합니다. 문제는 본질만 설명해서는 도움이 되지 않는다는 사실입니다. 본질은 실존과 짝을 이룹니다. 즉 실존이 무엇인지 알지 못하면 본질이란 개념을 알기 어렵다는 것이지요. 그런데 실존을 안다고 해서 다 되는 것이 아닙니다. 본질과 실존은 형이상학 혹은 존재론이라 불리는 철학에 속하는 것으로, 존재론을 알아야 본질과 실존이 무엇인지 제대로 알 수 있습니다. 존재론이 무엇인지 알려면 전문 철학 모두를 이해해야만 합니다. 어려운 이야기이지만 존재론, 인식론, 논리학, 윤리학이 한 덩어리여서 이 모두를 이해할 때 존재론을 이해한다고 말할 수 있습니다. 전체를 이해해야 부분도 이해할 수 있는 것이지요. 어설프게 할 수 있는 것이 아닙니다. 하지만 자신의 문제가 확실하고 좀 더 전문적인 철학을 하고 싶다면 과감히 도전해 보는 것도 나쁘지 않습니다. 한 가지 알려

드리고 싶은 것은, 생각보다 더 어려울 수 있다는 점입니다. 어렵다는 것을 미리 알고 마음을 단단히 먹는다면 아무래도 극복하는 데 도움이 되지 않을까 싶습니다.

3 당대의 문제를 고민해야

　　「혹성 탈출」이라는 영화를 본 적이 있나요? 찰턴 헤스턴이라는 배우가 주연한 이 옛날 영화는, 우주로 날아간 주인공이 불시착하게 된 행성이 결국 지구였다는 이야기인데 그가 돌아온 지구는 원숭이가 지배하고 있으며 인간은 언어를 잃어버린 채 지금의 원숭이처럼 살고 있습니다. 이 영화는 어렸던 제게 꽤 충격적이었습니다. 우리의 미래가 저렇게 될 수도 있구나 하는 생각이 들었고 원숭이와 인간의 역할이 뒤바뀐다는 설정도 신선했습니다. 그런데 시간이 지난 후 이 영화가 다시 생각났습니다. 영화 속의 인간을 과연 인간이라고 할 수 있나 하는 의문이 들었기 때문입니다. 우리가 지금 인간이라고 할 때, 그 말은 어떤 의미를 담고 있을까요? 아마도 생각을 하며 언어와 도구를 사용할 줄 알고 조직 사회를 이루는 동물이라는 뜻이 아닐까요? 그리고 인간은 모두 평등하다, 인간은 존엄성을 갖는다 등도 포함되어 있겠지요. 이런 뜻이라면 영화 「혹성 탈출」에 나오는 인간을 인간이라고 부를 수 있을까요? 그들은 원숭이만도 못한 지능을 가졌으며 언어 능력은 퇴화하고 도구 사용도 유치한 수준이고 조직 생활도 하지 못하고 있습니다. 물론 평등이나 존엄성은 생각지도 못하겠지요. 그렇다면 우리가 지금 생각하는 인간이라고 할 수 없지요. 인간이라는 개념은 시대를 초월하여 변치 않는 고정된 것이 아닙니다. 지금 우리가 갖고 있는 인간 개념은 현 시대의 것일 뿐입니다. 고대에는 다른 개념이었고 앞으로도 달라지겠지요. 생물학적으로는 같을지 몰라도 「혹성 탈출」에서 보듯이 전혀 다른 개념 혹은 존재가 될 수도 있는 것입니다.

철학 하는 사람들은 시대를 초월한 보편적인 것을 내놓으려 합니다. 철학은 세계를 통째로 이해하려는 시도라고 앞서 말했습니다. 세계를 통째로 이해하려는 것은 보편성과 어떤 관계가 있을까요? '통째로'라는 말에는 지금뿐 아니라 과거나 미래도 포함되고, 국가의 경계도 없다는 뜻이 포함될까요? 21세기 한국에서만 통용되는 철학이라면 보편적이지 못하기 때문에 철학이라고 하기에 부족하다고 여겨질 수도 있습니다. 플라톤의 철학이 지금도 읽히고 연구되는 것은 그것이 시대와 장소를 뛰어넘는 보편적 진리를 담고 있기 때문이겠지요? 플라톤이 여전히 유효한 이유가 여기에 있다는 식의 표현을 자주 볼 수 있습니다. 자연스럽게 철학이라고 하면 만고불변의 진리를 다루는 것으로 생각하게 됩니다.

그런데 철학이 과연 만고불변의 보편적인 진리를 다룰 수 있을까요? 희망은 높지만 현실은 그렇지 않습니다. 그 이유는 간단합니다. 사람이 자신의 시대를 뛰어넘어 다른 시대의 문제를 고민할 수 없기 때문입니다. 과학은 다를 수도 있겠습니다. 물리학의 진리는 고대나 미래나 동일할 수 있을 테니까요. 하지만 반드시 그렇지도 않다고 합니다. 과학의 진리도 사실은 시대의 패러다임에 갇혀 있다는 것이지요. 패러다임이 바뀌면 우리가 생각하는 과학의 진리도 바뀐다는 겁니다. 신이 존재한다고 믿었던 중세의 서양에서는 '힘'을 실체라고 여겼습니다. 하지만 근대 이후에 힘이라는 실체는 존재하지 않는다는 결론에 이르게 되었습니다. 힘도 물리적으로 다 환원된다는 것이지요. 즉 힘은 신비로운 어떤 것이 아니라 물리량이라는 겁니다. 그러니 과연 철학이 자신의 시대를 넘어 모든 시대에 해당되고 모든 나라에 해당되는 문제를 생각할 수 있겠습니까.

공자도, 칸트도 당대의 문제를 고민했다

전문 철학자들도 우리와 마찬가지로 당대의 문제만을 다룰 수 있었습니다. 흔히 전문 철학자는 보편적 문제를 다룬다고 생각하기 쉬운데요, 그런 편견을 깨기 위해서 유명한 철학자 몇 명을 예로 들어 보겠습니다. 공자가 고민했던 문제는 무엇이었을까요? 환경 보호와 핵 감축, 지구 온난화였을까요? 공자는 이런 문제가 무엇인지도 몰랐습니다. 이런 문제들은 20세기에 생긴 것이니까요. 생기지도 않은 문제를 고민할 수는 없지요. 공자가 씨름했던 문제는 춘추 전국 시대라 일컫는, 수많은 나라로 쪼개진 천하를 통일하는 방법이었습니다. 그래서 일생 동안 여러 나라를 떠돌면서 현실 정치에 개입하려 했던 것 아니겠습니까. 하지만 실패하게 되고, 그 이후 교육이라는 이름을 걸고 인과 의로써 세상을 평정하는 법을 가르쳤던 것이지요. 공자가 아무리 애썼어도 그 시대의 문제에서 벗어날 수는 없었습니다. 그리고 그걸 위해 노력하지도 않았고요.

그럼 서양 철학자의 경우는 어땠을까요? 칸트를 예로 들어 보겠습니다. 칸트는 매우 조용하게 살았다고 합니다. 평생 동안 자신이 태어난 곳을 벗어난 적이 없다고 하니까요. 물론 칸트는 핵이나 테러에 대해 전혀 몰랐으므로 그런 문제를 고민하지는 않았겠지요. 칸트의 고민은 부상하는 과학의 힘에 맞서 인간 정신의 고귀함과 존엄성을 지키는 것이었습니다. 당시는 경험 과학이 급부상하는 시대였습니다. 뉴턴이 만유인력을 발표하고, 과학의 각종 업적이 눈부시게 성과를 내기 시작하던 때입니다. 철학이 하던 일을 과학이 대신하기 시작했습니다. 칸트는 큰 충격을 받았고 인간의 정신을 옹호하기로 합니다. 그리하여 인간의 이성, 윤리학 그리고 미학에 관한 작업을 했습니다. 아무리 과학이 발달하더라도 인간 정신의 고유 영역이 존재한다는 것을 증명하고 싶었던 것이지요.

플라톤도 당대 문제를 다뤘다는 점에서 예외가 아닙니다. 플라톤이 위대한 철학자라는 사실에 다들 동의하지만 그가 다다른 결론 중에는 오늘날 수긍하기 어려운 것도 있습니다. 예를 들면 철인 정치 같은 것입니다. 철인 정치란 철학자가 나라를 다스려야 한다는 주장이거든요. 아마도 이런 주장은 그가 살았던 시대의 폴리스라는 체제와 관련이 있어 보입니다. 폴리스라는 작고 민주적인 정치 체제에서 어떻게 하면 최상의 국가가 실현될 수 있을까를 고민한 끝에 나온 결론이겠지요. 현대처럼 인구도 많고 지역도 넓으며 노예도 존재하지 않는 경제 체제에서 철인 정치라는 것을 주장한다면 한마디로 시대착오적이 될 겁니다. 게다가 플라톤은 시인을 추방해야 한다고 말하기도 했습니다. 예술이란 진정한 세계인 이데아를 본뜬 현실 세계의 또 다른 모방이므로 가장 저급한 것이라고 여겼거든요. 지금 같은 문화 예술 시대에는 상상하기조차 힘든 주장이지요. 미디어와 인터넷 그리고 휴대폰이 장악한 현대를 살아간다면 플라톤은 어떤 철학을 했을까요?

그런데 플라톤이 아주 오래전에 살았다 해도 그의 생각에는 보편성이 있어 지금까지도 유효한 것들이 있지 않을까 하는 문제 제기가 있을 수 있겠습니다. 소크라테스가 사람들에게 질문을 계속함으로써 결국 무지하다는 것을 깨닫게 하는 방법은 지금도 여전히 유효하지 않을까요? 마찬가지로 토마스 아퀴나스가 실존이 본질에 우선한다고 말한 것도 여전히 경청할 만하지 않을까요? 한비자의 법가 사상은 지금의 법치주의와 일맥상통하지 않나요? 부처의 자비는 어느 시대 어느 곳에나 통한다고 할 수 있지 않을까요? 이렇게 생각한다면 철학자가 당대의 문제와 씨름할 수밖에 없다, 혹은 보편적인 문제와 씨름할 수는 없다는 주장은 잘못되었다고 할 수 있지 않을까요.

예나 지금이나

물론 후대에까지 통용되는 면이 있습니다. 인정하지 않을 수 없군요. 하지만 그렇다 해도 그것은 우연한 일이거나 부수적인 현상일 뿐입니다. 즉 당대의 문제를 고민하고 그 문제에 대한 답을 제시했는데 후대의 사람들이 보편적인 문제라고 여길 수 있다는 것입니다. 어떻게 보면 왜곡했다고도 볼 수 있겠습니다. 고대 그리스 폴리스에서의 민주주의를 논했는데 마치 지금의 민주주의를 염두에 두고 한 발언으로 여긴다면 왜곡이겠지요.

그렇다면 어째서 사람들은 옛날의 업적에서 보편적인 것을 발견하는 것일까요? 두 가지 이유가 있어 보입니다. 하나는, 자신이 보고 싶은 것을 예전의 철학에서 본다는 것입니다. 예를 들어 본질이란 없다고 주장하고 싶은 사람은 그런 주장을 한 철학자를 찾아내려 한다는 겁니다. 예전의 철학자들도 이미 이런 주장을 했다는 것을 찾아내면 자기주장의 신뢰도를 높일 수 있으니까요. 그렇지만 자신의 주장이 단순히 예전 것과 같다고 해서는 안 됩니다. 차별화되는 지점을 이야기해야 합니다. 하지만 여전히 자신의 문제는 보편적이라고 주장합니다. 본질이란 없다는 주장은 현대의 것이기도 하지만, 같은 강물에 두 번 발을 담글 수 없다는 그리스 철학자 헤라클레이토스의 주장이기도 합니다. 이런 식으로 모든 문제의 역사를 찾아내어 근거로 삼을 수 있습니다. 이런 근거의 마지막에는 보통 플라톤이 있습니다. 플라톤이 고민하지 않은 문제는 없다는 겁니다. 이렇게 되면 화이트헤드의 말대로 서양 철학은 플라톤의 주석이 되는 것이지요. 이 말은 플라톤이야말로 가장 위대한 철학자라는 말처럼 들리지만 다른 한편으로는 모든 철학은 동일한 문제를 다룬다는 의미로도 들립니다.

다른 하나는, 철학적인 원인이 아니라 인간의 뇌 구조에 기인합니다. 전문가들은 신석기 시대 이후 인간의 뇌의 크기나 구조 등은 거의 변하지 않았다고 합니다. 우리가 생각할 때 인간의 역사는 꽤 긴 것 같지만 기껏해야 일만 년을 넘지 않습니다. 지구의 긴 역사를 생각해 보면 매우 짧은 시간이지요. 뇌의 구조가 거의 변하지 않았다면 인간은 어느 시대나 비슷한 생각을 하게 되지 않을까요? 동일한 기계에서 동일한 제품을 찍어 내는 것과 비슷하게 말입니다. 물론 엄밀히 말하면 동일한 뇌도 동일한 생각도 없겠지만, 생각의 구조는 크게 다르지 않은 것 같습니다. 크게 다르다면 우리는 과거의 역사를 이해할 수 없을 테니까요. 역사든 철학이든 반복되고 있다거나 혹은 예나 지금이나 비슷한 문제로 고민하고 있다고 생각하는 것은 아마도 이런 원인 때문이 아닐까 싶습니다.

헛된 야망 버리기

보통 사람의 인생 철학이든 경험적 철학이든 전문 철학이든, 거창하게 해야 할 필요는 전혀 없습니다. 앞서 살펴본 바와 같이 우리는 당대에 기반을 두기 때문입니다. 아무리 상상력을 발휘해도 우리는 지금 이 시대의 문제밖에 모릅니다. 고대의 문제나 미래의 문제는 그야말로 짐작일 뿐이죠. 따라서 시간과 장소를 뛰어넘는 보편적 철학을 하겠다는 야심은 버리는 것이 좋습니다. 그런 헛된 야망을 버리고 지금 이 시대가 어떤 시대인지, 그리고 진정으로 고민해야 하는 것이 무엇인지를 알아내야 합니다. '전문 철학자는 그래도 좀 다르지 않을까?' 하고 생각하는 사람이 있을 것 같습니다. 전문 철학자라면 시대를 초월한 문제를 다루어야 하지 않을까 하고 말입니다. 물론 그렇게 하면 좋겠지요. 하지만 전문 철학자도 시대의 산물이기는 마찬가지입니다. 누구나 시대를 바꾸지 않는 한 자신을 바꿀 수 없습니다.

제가 아무리 주자학을 공부하고 조선 시대 사람의 마음으로 세상을 바라보려 해도 성공하지 못할 겁니다. 조선과 지금은 근본적으로 다른 시대이고 다른 환경이니까요. 그래도 인간의 본성은 변하지 않는다고요? 앞서 말한 것처럼 인간이란 개념도 시대에 따라 변합니다. 그리고 비슷하다고 해도 그것은 뇌의 구조가 비슷하기 때문이지 본성에 관한 문제는 아닙니다. 사정이 이렇다면 거창하게 철학을 할 필요는 없습니다. 지금 자신의 문제를 다루면 됩니다. 그것이 후세에 보편적이라고 평가받을 수도 있겠지만 신경 쓸 일은 아닙니다. 담담하게 당대의 문제를 보시기 바랍니다. 그것으로 충분합니다.

 에필로그

자유롭고 존엄한 인간을 위하여

사람은 누구나 자신의 인생을 살기를 원합니다. 부모님이 원하는 인생을 살면서 남의 다리를 긁는 기분을 느끼고 싶지도 않을 테고, 체면과 겉치레 때문에 자신이 실제로 원하는 것을 제대로 누리지 못하는 삶을 살고 싶지도 않을 겁니다. 그런데 생각보다 사람들은 남의 눈을 의식하고 삽니다. 남이 어떻게 볼까 하는 생각 탓에 자신의 인생이 없어지는 것이지요. 대학에 진학할 때도 남의 시선을 의식하지 않습니까? 이런 상황을 보면 사람은 누구나 자신의 인생을 살고 싶어 하지만 실제로는 그렇지 못한 경우도 많다고 해야 할 것 같군요. 그렇다면 어떻게 해야 자신의 인생을 살 수 있을까요? 우리는 지금까지 이 물음에 답하기 위해서 달려왔습니다. 대답을 찾으셨나요? 이 책에는 돈을 버는 방법이라든가 건강을 지키는 비법 혹은 사람들과 잘 지내는 요령 같은 것은 전혀 등장하지 않습니다. 그것은 돈, 건강, 처세

술이 자신의 인생을 사는 데 꼭 필요한 것은 아니라는 뜻입니다. 물론 사람이 살아가려면 의식주에 필요한 돈이 있어야겠고, 또한 건강하다면 좋을 테지요. 그리고 다른 사람과 함께 살아야 하기에 처세술도 없어서는 안 되겠지요. 하지만 이런 것들은 자신의 생각이 있은 뒤에 챙겨야 할 것들입니다. 자신의 생각이 없다면 자신만의 인생이 없다는 겁니다. 생각은 강하고 질깁니다. 그리고 생각의 힘은 놀라울 정도로 큽니다. 결국 세상의 모든 것, 인생의 모든 것은 자신의 생각에 달려 있습니다. 세상의 모든 무게와 자신의 무게가 같다고 할 수 있겠지요.

이 책을 통해 저는 여러분께 자신의 생각이 어떻게 자신의 철학으로 바뀔 수 있는가를 보여 드리려고 했습니다. 생각을 철학으로 바꾸기 위해서는 철학의 특성이 무엇인지를 명확히 알아야 합니다. 철학의 특성은 과학, 종교와의 비교를 통해서 살펴보았고, 그리고 나서 왜 철학을 하는가에 대해 설명했습니다. 그런데 이것만으로 철학이 자신의 철학이 되는 것은 아니기에 끝으로 자기만의 철학을 하는 방법을 알아보았습니다. 자신의 수준에 맞게 한다면 누구나 자기만의 철학을 할 수 있습니다. 3부 리그 축구라 하더라도 1부 리그와 똑같은 열정을 갖춘 축구입니다. 수준 차가 있으면 어떻습니까. 자신에게 맞고 만족하면 그만입니다. 아마추어 축구를 '생각'이라고 한다면 3부 리그 축구부터는 '철학'이라고 명명할 수 있을 겁니다. 누구나 생각을 하지만 그렇다고 누구나 철학을 하는 것은 아니지요. 누구나 축구를 할 수 있지만 누구나 프로 선수가 되는 것은 아닌 것과 같은 이치입니다. 하지만 겁먹을 필요는 전혀 없습니다. 이 책을 읽은 사람은 누구나 알 겁니다. 자기만의 철학을 통해 우리는 궁극적으로 자유롭고 존엄성을 가진 인간이 되고자 합니다. 자기만의 철학을 가진 인간의 무게는 우주 전체의 무게와 견줄 수 있습니다. 그럼 자유롭고 존엄한 인간을 위하여!